3
ステップの視点で
保育が
楽しくなる！

つながる保育
スタートBOOK

～プロジェクト・アプローチを通して
探究を支える～

社会福祉法人 檸檬会
青木一永
［編著］

東洋館出版社

はじめに

　保育はおもしろい。しかし、とかく分かりにくい。それが私の保育への印象です。なぜ分かりにくいかと言うと、保育には教科書がないからです。小学校以降のように、何年生では○○をするといったことが一切決められていません。だから、何をするかは保育者に任されていると言っても過言ではありません。

　一方で、保育者には様々なことが求められています。資質・能力、非認知能力（社会情動的スキル）、幼児期の終わりまでに育ってほしい姿、保幼小接続、SDGs や ESD。どれも大切と理解しつつも、やるべきことを示した教科書がないのに、どう実践していけばよいかと悩む保育者も多いのではないでしょうか。

　私は、これらを解決する方法の一つとしてプロジェクト型の保育があると考えています。ただ、この「プロジェクト」という言葉に違和感を覚える保育者が多いようにも思います。例えば、「テーマが最初から決まっているのではないか」とか、「大人が主導する保育なのではないか」、あるいは「子どもならではの寄り道が許されないのではないか」といったものです。

　しかしプロジェクト型の保育が、保育者がテーマを決めたり主導したりするのではなく、子ども自身の興味・関心から、テーマが生まれるものだとしたら？　自分たちがやりたいことだからこそ、子どもたちは試行錯誤する一連のプロセスにおいてものごとへの関心を深めたり他者と協同的に関わったりして主体的に取り組み、様々なチカラを身につけていきます。身近なものごとに主体的に取り組む姿勢は、小学校で必要とされるチカラの基礎や SDGs の実現にもつながっていくでしょう。

　つまり、プロジェクト型の保育は、保育者主導の活動やぶつ切り活動ではなく、子どもが没頭し熱中する主体的・対話的で深い学びそのものなのです。しかし、その実践は簡単ではありません。子どもの興味・関心を大切にし、それらが深まっていくのが大事だと誰もが分かっているけれど、どうしたらよいのか分からない、という現実もあるのではないでしょうか。特に経験の浅い保育者ほど大きな困りを抱えているように思います。

　そうした保育は、ベテラン保育者にしかできないかと言うと、私はそうは思いません。なぜなら、できている人にはできている理由があるからです。指導のための教科書がない保育は、そこが曖昧だからこそ、おもしろい部分もあるのですが難しさも抱えているのです。

　しかし、そのコツをうまく体系立てているのが、アメリカ・カナダを中心として広く実践されているプロジェクト・アプローチだと思っています。私がいる社会福祉法人檸檬会では、このプロジェクト・アプローチをテーマにした往還型研修を半年ほどかけて行ったところ、数々の素晴らしい実践が生まれてきました。探究的な保育をどのように進めたらよいかというモヤモヤが晴れ、こうしたらうまくいくという成功体験を積み重ねることができたのです。

　実際に、その研修に参加した職員の感想をいくつか紹介したいと思います。

　こうした様々な変化を生み出したプロジェクト・アプローチですが、日本でも以前より紹介されているものの、広く認知されているとは言えません。さらには、プロセスを分かりやすく体系化しているがゆえに、直線的なアプローチとも指摘され、レッジョ・エミリアでの保育実践に見られるような螺旋的でうねりのある保育との違いを指摘されることもあります。しかしながら、芸事や茶道、武道などで「守破離」と言われるように、まずは「型」を知り、実践できるようにすることで、それをアレンジしたり、ゆくゆくは「型」を離れて創造的に取り組むことができます。保育も同じく、まずは見よう見まねから始まります。

　このプロジェクト・アプローチも、「型」の一つと捉えて、自分なりの保育を模索する1ステップにしていただきたいと願っています。ですので、この本で紹介する方法がすべてではありませんし、これ通りしていればよいというものでもありません。プロジェクト・アプローチは子どもとともにつくり上げていくものですので、様々な方法があります。この本が示すのは、探究的な保育という

探究的な保育

様々な進み方がある

山への一つの登り方にすぎません。あなたなりの登り方を見つけていってほしいと思っています。

　なお本書は、リリアン・カッツ先生、シルビア・チャード先生らが提唱するプロジェクト・アプローチをベースとしながら、日本の保育者が理解・実践しやすいような記述を心がけるとともに、実践写真を豊富に掲載することで、プロジェクト・アプローチをやってみたくなるような書籍を目指しました。

　そして本書では、半年かけて行った研修を書籍上で再現したいと思っています。そのため、読者のみなさんも、実践的に読み進めていただきたいと思っています。また、後半では、約半年のプロジェクト・アプローチの往還型研修の中から生まれてきた保育実践の紹介や、実践者による座談会を掲載しています。実践者による実践者のためのプロジェクト・アプローチをともに学んでいきましょう。

　なお、「プロジェクト・アプローチ」という表現が、前述のようにまだまだ誤解を生む表現であるように感じています。私たち社会福祉法人檸檬会でも、「子ども発のつながる保育」と表現していますので、本書でも「つながる保育」と表現していきたいと思います。

社会福祉法人 檸檬会　副理事長

青木一永

風を感じて走る子どもたち

もくじ

第3章
つながる保育の実践事例 ……… 93

第 4 章
つながる保育　実践者座談会

第1章

つながる保育が
重要なわけ

つながる保育の実践の前に、つながる保育とは何か？
そして、なぜそれが重要なのか？ について考えてみましょう。

なぜ、つながる保育が
必要なのか

まずは、つながる保育の意義について考えてみたいと思います。

1 つながる保育とは何か

　本書で紹介する「つながる保育」の正式な名称は、プロジェクト・アプローチと言います。
　プロジェクトと言うと、企業や地域などで行われる「○○プロジェクト」など、何らかの
目標を達成する取組というイメージが強いのではない
でしょうか。しかし、プロジェクト・アプローチにお
ける「プロジェクト」は、子どもが感じた「なんだろう？」
を子ども自身が明らかにしたり、試したり、問題解決
していくことを指します。例えば「雨の水って飲める
のかな？」「ピカピカの泥団子をつくるにはどうしたら
いいのかな？」といった、子どもの等身大の「なんだ
ろう？」を探究していくということです。

雨水を集める

話し合いながら発見する

　そして「アプローチ」は、「近づくこと」「そ
こに至る道」という意味で、「この通りしなけ
ればならない」という絶対的な方法を示すわ
けではありません。
　つまり、プロジェクト・アプローチとは、子
どもの探究的な遊びや学びを実現するための、
大人の工夫のあり方とも言えるでしょう。あく
までも主役は子どもたちで、保育者は子どもが
主体的に学んだり遊んだりできるよう援助して

いく存在です。そのための一つの型としてプロジェクト・アプローチがあるのです。

なお、プロジェクト・アプローチ以外にも、「プロジェクト型保育」「プロジェクト・メソッド」「レッジョエミリア・アプローチ」など、様々な表現がされ、日本だけでなく海外でもたくさんの実践事例があります。いずれにしても大切になるのは、大人の意図やしたいことではなく、子どもの興味・関心であり、それが持続し探究的な活動に発展していくことなのです。

2 つながる保育が育むもの

つながる保育は、あらかじめテーマが決まっていたり、大人が一方的に決めた活動をしたりするものではありません。なぜなら子どもや担任によって、あるいは時期や年によって興味・関心や活動が変わるからです。つまり一つとして同じ活動や展開はありません。

磁石で試す

その一方で、あらかじめ敷かれたレールも活動もない中で、子どもは何を学び、どんなチカラを身につけていくのでしょう。「このチカラを育むためにこの活動をしましょう」とされているほうが、正直なところ保育者や保護者にとっては分かりやすいのかもしれません。しかし、それでは保育者が主導する保育となってしまい、子どもの熱中や没頭・探究にはつながりにくいのです。

子どもが探究的な活動を行うつながる保育は、認知能力と非認知能力の両方を育みます。

認知能力は、認知的スキルとも言われ、言葉や数、形が分かったり、それらを活用できたりするチカラのことを指します。このほかにも、考えたり予想したりするといった知能検査で測定されるような能力で、いわゆる小学校以降の学力につながっていくチカラと言えるでしょう。

一方で非認知能力は、社会情動的スキルとも言われ、目標に向かってやり抜くチカラ、他者への思いやりや社交性、自尊心や感情をコントロールするチカラのことを指します。

なお、認知能力と非認知能力は完全に別個のものではなく、互いに関連しているという点には注意が必要です。

ではなぜ、つながる保育は、こうした認知能力、非認知能力の両方を育むことができるのでしょうか。それは、つながる保育では子ども自身が「対話

文字や絵で表そうとする

する」「見通しを立てる」「行動する」「振り返る」ということを大切にしているからです。

「見通しを立てる」ことは、今からとろうとする行動が、どのような結果をもたらすのかを意識して考えるということです。このとき子どもは、結果を予測したり、他者の思いや行動・感情を推測したりして、心の中で様々なシミュレーションを行っています。それは、自分の行動がどのような結果をもたらすのかを考えることや、今の自分と将来の自分をつなげて考えることにもつながっていくと言えるでしょう。このように見通しを立てることで、そのものごとを自分ごと化し、やってみたい、試したいという意欲も出てきます。

そうした見通しを持って「行動する」（遊ぶ・活動する）からこそ、大人から押しつけられた目的ではなく、子ども自身が目的を持って進めていくことができます。そして、試行錯誤する中で、発見を他者に伝えるために文字や絵をかいたり、何かをつくるために数や重さ、長さを測ったりすることでしょう。また、様々に思考することでしょう。これらはまさに認知能力を育んでいます。さらには、誰かと一緒に何かをつくろうとして、友達とぶつかり合ったり、折り合いをつけたり、感情をコントロールしたりする必要もあるでしょう。うまくいかなくても「どうしたらできるだろう」と試行錯誤することは、目標に向かってやり抜くことにもつながります。これらは、非認知能力を育んでいることになります。

そして、つながる保育では折に触れて活動を「振り返る」時間を設けます。この振り返りでは、自分や友達の経験を思い出し、表現したり話し合ったりすることで、経験やものごとの意味づけを行うことができます。また、過去の知識や経験をつなげ、新たな知恵の獲得にもつながります。そして振り返りは、自分や他者の行動、外的環境を見つめることでもあるため、将来の行動を自分でコントロール、改善していくことにもつながっていくと言えるでしょう。

こうした一連のプロセスにおいては、他者との「対話」が大きな鍵を握ります。自らの思いや意見を表すとともに、他者と意見を交わすことで、異なる意見の存在に気づいたり取り入れたりすることで、新たな価値の創造につながっていくのです。

今後の社会は、予測困難で不確実で曖昧な時代になると言われています。社会が大きく変化していく中で、子どもたちには主体的に行動を起こしていくチカラが求められますが、つながる保育で大切になる「対話する」「見通しを立てる」「行動する」「振り返る」という行為は、子どもたちの主体性を育み、認知能力だけでなく非認知能力を獲得していくことになるのです（表1）。

なお、保育では、思いやりや優

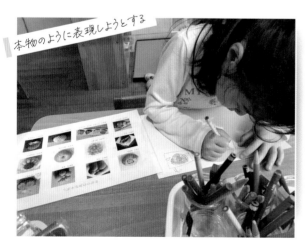
本物のように表現しようとする

しさ、共感といったことがとても大切にされてきたように思います。それらがこれからも大切なのはもちろんですが、それだけでなく、考えるということや、考えを表すということがとても大切になってきます。それは、保育所保育指針等で求められる「思考力、判断力、表現力等の基礎」を培うことになるからですが、そうした場を保育者が意図的にデザインしていく必要があるのです。子どもは小さな体で、大人が驚くほど様々なことに気づき、考えています。つながる保育では、そうした姿が表れるよう、保育者が活動や経験をファシリテートしていくのです。

　保育とは間違いなく教育的な営みですので、実践する私たち保育者が、それぞれの活動でどのようなチカラを育んでいるのか説明できる必要があります。しかし、つながる保育は、あらかじめ決まった活動ではないため、保護者にとって分かりにくい側面もあるでしょう。つながる保育によってどのようなチカラが育まれるのか、説明できるようにしておきましょう。

自分の考えを表す

＜表1　認知能力と非認知能力＞

認知能力 （認知的スキル）	非認知能力 （社会情動的スキル）
基礎的な認知能力 字や数や形が分かる・書ける・読める パターン認識・処理速度・記憶	**目標の達成** 忍耐力・自己抑制 目標に向かって頑張る力 問題解決力・選択する力
獲得された知識 呼び出す・抽出する・解釈する	**他者との協働** 社交性・敬意・思いやり ほかの人とうまく関わる力
獲得された知識や考え方を使う 考える・推論する・概念化する	**感情のコントロール** 自尊心・楽観性・自信 感情をコントロールする力

「認知的スキルと社会情動的スキルのフレームワーク」（「社会情動的スキル—学びに向かう力（OECD）」）をベースに作成

3 保幼小接続にも役立つ

❶ 保幼小接続の課題とは

つながる保育は、保幼小接続の問題解決にも役立ちます。

最近、小1プロブレムなど保幼小接続の課題が大きくなっています。小1プロブレムとは、入学したばかりの小学校1年生が、先生の話を聞けない、座っていられない、授業中でも歩き回ったり、教室から出て行ったりして授業が成立しない、といった状態が数か月にわたることを指します。

保育園や幼稚園、こども園では遊びを中心としていますが、小学校に就学すると授業が中心となり、学びのスタイルや環境に違いが生じます。

例えば、小学校にあがった途端に、おもちゃがなくなります。保育では遊びを通して学ぶので、おもちゃや草木、身の周りのすべての環境が教材と言えるでしょう。しかし、小学校では教科書で学ぶため、基本的には教科書が教材になります。遊びから、文字や言語による学びへの転換です。子どもたちからすると、身の周りからおもちゃが消えるという大転換が起こるわけです。

また、小学生になると基本的には椅子に座って授業を受けるようになります。保育の場では、様々な遊びのコーナーがあるとともに、椅子に座ったり、床に座ったり、ときには寝転んだりと、居心地のいい姿勢や空間を自分で選択できます。また、活動の単位も一人や複数など、子どもの意思によって様々な展開を見せるので、それを可能にする環境構成がなされているはずです。しかし、一人ずつ机と椅子がある小学校の環境では、なかなかこうはいきません。

さらには、保育では緩やかに流れていた時間が、小学生となると45分区切りとなり、保育のように「音楽が楽しくなってきたから夕方まで続けよう」といったことはできません。小学校では学習時間を区切ることで、数ある教科をまんべんなく学んでいくスタイルになっているのです。そのため、算数の後に音楽、図工の後に生活科というように、時間ごとに学ぶ内容の大転換が起こります。また、図工の続きがしたいと思っても、次の授業は数日後であったりするために、気持ちを切り替えたり復活させたりすることが求められますし、そういった切り替えができるという発達的側面に支えられているわけです。

つまり、幼児期は、興味・関心から生まれた遊びによって熱中・没頭を持続させる「無自覚的な学び」ですが、小学校にあがると、子ども自身が学ぶことへの意識を持ち、与えられた課題を自分の課題として受け止める「自覚的な学び」への大きな転換が起こると言えるでしょう。

❷ 変化に対応するための工夫

こうした大きな変化に子どもたちがスムーズに対応し、学びを深められるよう、保幼小それぞれの場で、様々な取組や工夫がなされています。

小学校側では、幼児期の育ちや学びを踏まえながら、授業を中心とした学習へ移行できる

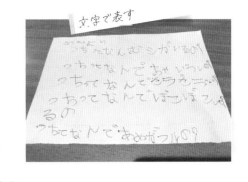

文字で表す

よう、45分間の時間割に縛られず、活動や子どもの実態に合わせて「弾力的な時間割」を設定しています。また、教科でブツ切りにするのではなく、一つの大きな目標を立てて、それに関わる様々な教科を組み合わせて行う「合科的な指導」や、一つの教科の目標を中心にして他教科を関連させる「関連的な指導」など、子どもの興味・関心が持続するような工夫をしています。

その一方で、幼児教育側でも、子どもたちが小学校の生活や学習へ円滑に適応できるための工夫が必要になります。しかしそれらは、決して小学校の学習内容を前倒しして保育に組み込むことではありません。幼児教育側において必要となるのは、目的意識を持って取り組んだり、気づきや発見を振り返ったりするとともに、そこからさらに試行錯誤を繰り返すといった探究的な遊びへの発展です。子どもたちはそのプロセスの中で、数や文字、モノや人との関わりを深めていくわけですが、保育者にはそのような遊びをデザインしていくことが求められていると言えるでしょう。

文字を活用する

❸ 小学校への学びの基礎を育むつながる保育

このような探究的な遊びは、まさにつながる保育が目指しているものです。つながる保育では、子どもが「どうして?」「どうなっているの?」「どうしたら?」といった疑問や不思議に思う気持ちを大切にします。そして、それを自ら探究するプロセスにおいて、友達や身近な大人と関わって対話を重ねたり、比べたり測ったり、予想したり確かめたり、文字や絵、立体物で表現したりする姿が表れてきます。こうした姿は、大人から強制されてするのではなく、自らの好奇心に突き動かされて出てくるものであり、それはまさに学びに向かう姿勢が育まれていると言えます。

そう考えると、つながる保育は、小学校へ向けた接続期教育という視点でもふさわしい保育のあり方と言えるでしょう。

協同性を育む

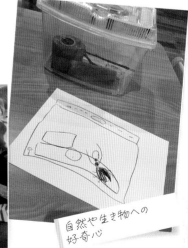

自然や生き物への好奇心

4 SDGsにも貢献する

❶知っておきたい ESD

　いま、SDGs への取組が世界中で求められています。SDGs とは、Sustainable Development Goals（サステナブル・ディベロップメント・ゴールズ）の頭文字で、日本語では「持続可能な開発目標」と訳されています。すべての国連加盟国が 2030 年までに達成を目指す目標として掲げられているのですが、つながる保育はこの SDGs の実現にも寄与していくと考えています。

　SDGs の実現には、教育の果たす役割はとても大きいと言われています。その中でも鍵を握るのが、「持続可能な開発のための教育」と訳される ESD（Education for Sustainable Development）です。これには SDGs と同じく、Sustainable Development、すなわち「持続可能な開発」という言葉が含まれていて、簡単にまとめると、ESD とは SDGs を実現するための教育とも言えるでしょう。

　この ESD が目指すのは、自分の行動がどんな影響を与えるかを考え、行動できるチカラを育むということです。しかも、自分の行動が、現在だけでなく将来にも影響を与えるということや、社会／文化的、経済的に、そして環境にも影響を与えることを理解し、身近なところだけでなく、国家、地球レベルで考え、行動できるチカラを育む、ということです。

＜「つながる保育」がSDGs17 の目標にもつながる＞

❷ なぜ、つながる保育は SDGs につながるのか？

　国連機関であるユネスコは、ESD は小学校から始まるのではなく、幼児教育がその基礎になると表現しています。実際に、2017 年に改訂された幼稚園教育要領には、次のように「持続可能な社会の創り手」という表現がなされ、ESD が位置づけられていると言えます。

2017 年改訂　幼稚園教育要領　前文

これからの幼稚園には、（略）一人一人の幼児が、将来、自分のよさや可能性を認識するとともに、あらゆる他者を価値のある存在として尊重し、多様な人々と協働しながら様々な社会的変化を乗り越え、豊かな人生を切り拓き、持続可能な社会の創り手となることができるようにするための基礎を培うことが求められる。　　　　　　　　　　　　　　　　※下線筆者

　では、なぜつながる保育と ESD、そして SDGs がつながるのでしょうか。

　前述のように、ESD が目指すのは、自分の行動がどんな影響を与えるかを考え、行動できるチカラを育むということです。つまり、世の中の様々なことを「自分ごと化」するということです。大人になってからいきなり環境問題や社会問題を自分ごと化するのはとても難しいと言えるでしょう。そのため、価値観や倫理観の基盤をつくる幼児期から、身近な人やモノ・コトとの関わりを深め、考えたり、振り返ったりする必要があり、そうした経験の積み重ねによって、自分の行動が周囲に影響を与えることを理解していきます。

　そしてこの、身近な人やモノ・コトとの関わりを深め、考えたり、振り返ったりということが、まさにつながる保育なのです。

自然や生き物への好奇心が
SDGs にもつながる

❸ ESD とつながる保育の共通点

（ア）モノ・コトとの出合いをデザインする

　SDGs では、社会・経済・環境と幅広い視点にわたって、17 のゴールが設定されています。身の周りのあらゆるものごとが SDGs につながっていると言っても過言ではありません。そのように考えると、子どもたちが身近なものごとに関わり、それらへの理解を深めていくことが大切になると言えます。例えば、植物栽培や動物の飼育のほか、残食ゼロやリサイクルに取り組む、人権やジェンダー、地域、文化、伝統行事などについて考えるといったことです。

　つながる保育は身近なものごとを自分ごと化していくプロセスであるため、ESD との共通点があると言えるでしょう。そのため、保育者として子どもが身近なものごとに関わる場面をデザインしていくことが重要になります。

汚れた水をろ過する姿

木の実でごっこ遊びもしながら
自然との関わりを深める

（イ）人・場所との出合いをデザインする

　子どもたちは、様々な人との出会いによって世界を広げて
いきます。例えば、異年齢や小学生、おじいちゃんやおばあちゃんなど異世代との関わり、保護者や地域の方々との関わりといったものです。また、これまでの経験にはない場所との出合いも大切です。例えば、地域の商店街や公共施設など、子どもたちが初めて出合うような場所に関わるということです。

　このような、子どもが今まで関わったことのないような人・場所と関わることで、子どもが世界を広げていくわけですが、様々な人の話を聞いたり、園の外に出かけたりしていくフィールドワークも想定されるつながる保育は、ESD との共通点があると言えるでしょう。

ケーキづくりを聞きに行く

（ウ）思考・態度を育む

　さらに ESD では、子どもたちの思考・態度を育むことが大切であり、熟考、再考、尊重、参画、主体性といった点が重視されます。

　熟考（Reflect）は、振り返ったり様々な視点で見たりしてよく考えるということ、再考（Rethink）は「一度考えておしまい」ではなく何度も考えること、尊重（Respect）は違いや違う考えを受け入れたり大切にしたりすることを意味しています。これらは、それぞれの頭文字をとって 3R とも呼ばれます。そして、参画や主体性とは、子どもが積極的に関わり、意思決定の主体になっていくということであり、そうした経験を子どもが積み重ねられるように、保育者が経験や活動をデザインしていくことが求められます。

　なお、子どもが意思決定の主体になっていくとは、子どもが保育に「参画」することを意味しています。「参画」と似た言葉に「参加」という言葉があります。「参加」とは何をするかは大人が決めて子どもがそれに関わることを言います。一方で「参画」は、何をするかは子どもが決める、または決めるプロセスに子どもも関わっていることを指します。つまり、意思決定に子どもが関わるということを意味しているのです。

　こうした参画については、下図のようなレベルを意識すると分かりやすいと思います。

＜図1　子どもの参画モデル＞

（shier,2001）

レベル5	子どもたちは意思決定することができ、責任を共有している。
レベル4	子どもたちは意思決定の過程に関わっている。
レベル3	子どもたちの考えが取り入れられる。
レベル2	子どもたちは自分の考えを表現するのに支援を受けることができる。
レベル1	子どもたちは大人から傾聴される存在である。

　レベル1からレベル5になるにつれて、子どもの参画度合いが増すことを表していますが、つながる保育や ESD では、どの段階も重要になります。

　レベル1は、大人が一方的に話すのではなく、大人に話を聞いてもらえるという段階です。保育者が指示ばかりしているというのはこの段階にも満たないと言えるでしょう。レベル2は、話すことが苦手な子でも「それってこういうこと？」「後で先生に教えてくれる？　先生からみんなに紹介するね」など、大人から支援を受けられるという段階です。レベル3になると、保育の活動などに子どもの考えが取り入れられるという段階です。レベル4は、何かを決めるときに、子どもがいる場で決まっていくということであり、レベル5は、何をするかを子どもが決める、ということになります。大人の視点からすると、「それをやってもうまくいかないのになあ」と思うことはたくさんありますが、「責任を共有する」ということは、決めたことが例えうまくいかなかったとしても、それも受け入れるということを意味します。このとき

に、なぜうまくいかなかったのかを考えることが大事になります。

　ESDでは、子どもが身近なものごとを自分ごと化していくために、子どもが「参画」していくことが大切になりますが、これはつながる保育でも共通しています。なぜなら、つながる保育では子ども自身の興味・関心に基づいて、何に取り組むかを自分たちで決め、探究を進めていくからです。

　このように見ると、つながる保育のプロセスは、SDGsの実現に寄与するESDのプロセスと共通していると言えるでしょう。ですので、つながる保育を理解し、実践していくことは、SDGsやESDの実践にもつながっていくというわけです。

5　つながる保育の意義

　これまで見てきたように、つながる保育には実にたくさんの意義があります。

　つながる保育は、保育者が一方的にテーマを決めて進めていく保育ではありません。子ども同士、あるいは保育者と子どもが影響し合いながら、織りなされていく保育です。

　そうしたつながる保育は、子どもがものごとと豊かに関わることや、人と対話したり、見通しを立てたり、振り返りを重視したりするため、認知能力（認知的スキル）・非認知能力（社会情動的スキル）の両方を育みます。そしてそれは、小学校への学びの接続にもつながると同時に、身の周りのことを自分ごと化していく学びとしてのESD（持続可能な開発のための教育）でもあり、SDGsの実現にも寄与するのです。

　つながる保育はこのように大きな意義を持っています。そして何より、つながる保育は、子どもにとっても保育者にとっても「楽しい」保育であり、座談会（第4章）にもある通り、保育者自身も成長を実感できる保育と言えるでしょう。

　それでは次ページ以降で、その具体的な進め方を学んでいきましょう。

対話しながら
自分たちで活動を決める

Section

02

つながる保育を
始める前に、
押さえておくべきこと

つながる保育を始める前に、
いくつか注意点がありますので、まずはそれを押さえておきたいと思います。

1　つながる保育がすべてではない

　保育には、多種多様な関わり方があります。目の前の子どもが変われば関わり方が変わります。季節や地域によっても変わります。そのため、育みたい資質・能力という方向性は同じだとしても、その山に登る方法は様々あるということです。

　ですから、本書で紹介する方法がすべてではありませんし、これ通りしていればいいというものでもありません。つながる保育は子どもとともにつくり上げていくものですので、様々な方法があります。

　また、園で10時間近く過ごす子どもたちも少なくありません。そのため、園における生活すべてがつながる保育ということではなく、子どもが気持ちや体を休めることができる時間や場所が必要ですし、楽しく体を動かしたり、音楽に触れたり、という時間も必要です。

子どもの意思で活動できるよう
保育をデザインする

こうしたことから、保育には多様性が必要であるという前提に立ったうえで、本書ではそのあり方の一部としてのつながる保育を取り扱っていると理解していただけたらと思います。

2 つなげる保育ではない

「つながる保育」は「つなげる保育」ではありません。多くの保育者が、この点に悩んだり、勘違いしたりします。

大切なのは、「何がつながるのか?」ということです。つながるのは、子どもの「興味・関心」です。「つなげる保育」になってしまうケースに見られるのは、子どもの「興味・関心」が置いてきぼりになり、「テーマ」や「トピック」だけがつながっているということです。

例えば、果物に興味を持って「果物にはどんなものがあるんだろう」と図鑑などで調べ始めたものの、そこで止まってしまうケース。保育者は、その先どう進めたらいいかと悩み、「果物の絵を描いてみよう」「スーパーマーケットに行ってみよう」「果物を育ててみよう」と、果物という共通したテーマで進めようとするかもしれません。

このとき、子どもの「興味・関心」はどこにあるのでしょうか。子どもは果物の何を探究したいと思っているのでしょうか?

つながる保育で大事になるのは、子どもと対話しながら子どもの「なんだろう」を丁寧に引き出すことです。子どもの中のぼんやりとした「なんだろう」を明確にするとともに、それを明らかにできる環境を整え活動を展開していくことで、自然と子どもの探究的な活動＝「つながる保育」になっていくのです。

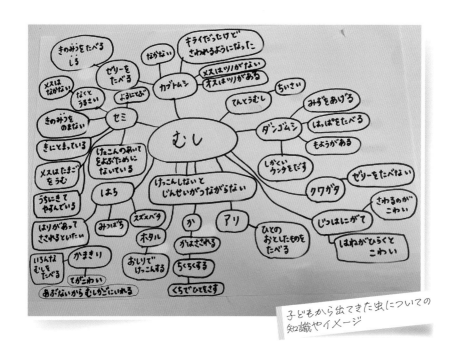

子どもから出てきた虫についての
知識やイメージ

3 柔軟性を持って進める

　つながる保育では、後述するように、探究の的（まと）をあぶり出す第1段階、その探究の的に向かう第2段階、発見や学びを表現する第3段階に分けて捉えます。つまり、何らかのテーマ性を持って子どもが探究していくことになります。

　しかし子どもの興味・関心は、盛り上がったり、しぼんだり、そしてまた復活したりと、必ずしも第1段階、第2段階、第3段階のように直線的に進むわけではありません。一人ひとりの興味・関心も違います。

　そのため、子どもの興味・関心に合わせて行きつ戻りつしてもいいですし、クラスで一つのテーマに限定して進める必要もありません。一人だけのプロジェクトも大切です。そうした誰か一人が黙々と熱中していることに対して、周りの友達が「おもしろそう」と感じて加わっていったとき、それがより大きなプロジェクトになっていくのです。

4 つなげない・待つ・あきらめる勇気を持つ

　子どもは、様々なことに興味を持つので、その興味は移ろいだり、しぼんだり、また湧き起こったりします。そんなときに保育者として大切になるのは、無理やり進めることではなく、環境づくりや問いかけ、関わりから子どもの興味・関心を喚起し、際立たせ、研ぎ澄ませ、持続させることです。

　本書ではその方法を紹介していきますが、日々の実践ではうまくいかないことも出てくるでしょう。しかし、そんなときでも、無理をして保育をつなげようとしないでください。子どもの興味・関心が離れているのに無理につなげようとしたとき、それは「つなげる保育」になってしまいますし、保育者も子どもも苦しくなってしまいます。

　また、子どもが何かを考えていたり、何かを言おうとしたりするとき、保育者はじっくり待つことが大切です。堪えきれず何かを言いたくなるかもしれませんが、子どもを信じて待ちましょう。そして、プロジェクトのテーマがこれでよいのか悩んだときは無理に固執せず、あきらめる勇気も大切です。子どもの興味・関心がしぼんでしまったように見えても、それまでの経験は子どもの中にしっかり蓄積されていて、突然再燃してくることもあります。

　子どもの興味・関心を大切にするからこそ、つなげない・待つ・あきらめる勇気が大切になるのです。そして悩んだときは一人で悩まず同僚に相談し、一緒に考えていく姿勢や関係性が大切です。

Section 03

つながる保育を 進めるうえでの 基本的な解説

つながる保育を進めるうえでの、
基本的な内容を押さえておきたいと思います。

▶ つながる保育の3段階

よい物語に「始まり」「盛り上がり」「エンディング」（起承転結）があるように、つながる保育を3つの段階で捉えてみましょう（図2）。それによって、保育者と子どもたちによる目的を持った探究として、深まりや盛り上がりを生むことに役立ちます。

なお、この3段階の区分については、「今から第2段階を始めます」というように子どもに伝える必要はなく、あくまでも保育者が意識するものとして捉えてください。また、前述のように3つの段階に固執しすぎず、柔軟性を持って進めるようにしましょう。

＜図2　プロジェクトの段階＞

第1段階	プロジェクトの始まり 子どもが興味・関心のあるテーマから、探究の的を見つける

▼

第2段階	プロジェクトの発展 探究の的に向けて探究する

▼

第3段階	プロジェクトの締めくくり 探究を振り返り表現する

▶ テーマとトピック

プロジェクトにおける大きな主題をテーマと言います。そして、そのテーマに関する具体的な視点のことをトピックと言います。例えば、「果物」がテーマに位置し、「果物の大きさ」や「果物の種類」といったものがトピックになります。

▶ プロジェクトの長さ

プロジェクトの長さは、数日で終わるのもあれば数週間、数か月にわたるものもあります。短いものは、予期せぬ出来事で始まって子どもの中で展開していくことが多く、長いプロジェクトは対話的であったり、保育者も子どもと一緒に思案したりして、深い探究につながるものが多いと言えるでしょう。

本書では、長いプロジェクトの進め方について取り扱います。

▶ プロジェクトのグループサイズ

プロジェクトを行うグループの大きさには、様々なサイズがあります。

クラス全員でまったく同じことを進める必要はありません。グループサイズが大きい場合、一人ひとりが具体的に触れたりいじったりできる活動量は下がる傾向にありますし、興味・関心が持続しない子も出てくるでしょう。一方で、様々な発見や意見が出たり、それらを共有し、協同的な活動に発展していくメリットも生まれます。

反対に、グループサイズが小さい場合、子ども一人ひとりの興味・関心に即した活動となりやすい一方で、多様な意見を交わしたり協同的な活動になりにくい側面があります。

そのため、子どもの発達や年齢、テーマに応じて、どのようなグループサイズが適しているか意識してみましょう（年齢が低いほど、小さなグループサイズが適しています）。

なお、一つのテーマの中にも様々なトピックがあるため、興味・関心のある子ども同士が少人数で進め、クラス全体のサークルタイムでそれぞれのグループでの発見や工夫を共有すると、興味・関心が広がり、さらなるムーブメントや展開、協同的な探究につながっていくでしょう。そして、テーマ全体への理解が深まることにつながります。

▶ サークルタイム

サークルタイムは、保育者と子どもが円形になって、話し合いを行うことを言います。

サークルタイムを行い、子どもからの発言を引き出すことで、保育者として子どもの興味・関心の在りかを探ることができます。また、そうした興味・関心を大きくしていくことにも役立ちます。

そのため、朝夕のサークルタイムを習慣化していきましょう。朝のサークルタイムは、気持ちを整えるとともに、やってみたいことを自覚化したり、活動への見通しを持つ場にすることができます。夕方のサークルタイムでは、どんな活動をしたか、その日の活動を振り返ったり、友達同士で共有したりすることで、翌日以降の保育につなげていく場にすることがで

きます。

▶ プロジェクトコーナー

つながる保育のテーマやトピックに関係するものが置かれている場所を、プロジェクトコーナーと呼びます。

プロジェクトコーナーにはプロジェクトに関する図鑑や絵本が置かれていたり、子どもがつくったものが置かれたりします。また、プロジェクトについて展示するボードやイー

振り返りの場としての
サークルタイム

ゼルがあると、子どもたちとの対話を書き記して、クラスで共有できます。写真や作品、ウェブマップを貼ることもでき、イメージを膨らませることができます。こうした場所は、子どもたちの探究を支えていくことにつながります。

▶ デザインする

本書では、「デザインする」という表現が多く出てきます。ここで言うデザインとは「時間」「空間」「人間」をうまくコーディネートすることを指します。これらの文字には「間」という字が入っているため「三間（さんま）」とも言われます。

保育の活動の豊かさは、子どもがいつ（時間）、どういった場所やモノ（空間）で、どんな人とどんなふうに関わったり接したりするか（人間）に影響を受けます。そのため、つながる保育を進めるにあたっては、保育者がこの「三間（さんま）」を意図的にコーディネートしていきましょう。

<図3　活動デザインのポイント>

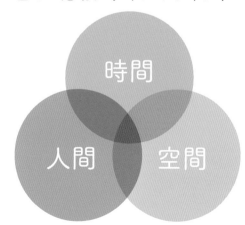

つながる保育と身体表現

　探究的な保育と言ったとき、子どもたちが何かをいじくったり、調べたりして、モノやコトとの関わりを深めていく姿がまずイメージされるのではないでしょうか。

　一方で、子どもの身体表現については、日常の保育の中でどのように育めばよいか悩む保育者も多いように思います。ましてや、つながる保育と身体表現はどのようにつながるのでしょうか。

虫の動きを表現する

　例えば、子どもがチョウを見つけて「かわいい」と言い、トノサマバッタやカブトムシを見て「かっこいい」と言っているとき、何をもって「かわいい」「かっこいい」と思っているのでしょう。

　子どもたちにインタビューをしてみると、「ひらひらしててかわいい」「色がかわいい」「角の形がかっこいい」「飛ぶ瞬間がかっこいい」など、その子なりのイメージをしっかりと持っていることに驚かされます。

　保育所保育指針には、表現の領域に「感じたことや考えたことを自分なりに表現することを通して、豊かな感性や表現する力を養い、創造性を豊かにする」とありますが、それらを身体を使って表出するのが「身体表現」と言えます。

　しかし、保育者が突然「さあ、好きな虫になって〜」と声をかけても、子どもたちの体が自然と動くわけではありません。なぜなら、そこに内発的動機の元となる「感じたり、感動したり、衝撃を受けたり」という心の動きがないからです。

教師の適切な援助が
子どもの表現を支える

　逆に言うと、その心の動きがあったうえで、大人の適切な援助があれば、子どもは表現し始め、私たち大人の想像を超える世界をつくり上げていくでしょう。

　では、適切な援助とはなんでしょうか?

　例えば、「かわいい」「かっこいい」と

いう子どもに、「角ってどう動いてる?」「かわいく羽が動くって?」「飛ぶ瞬間ってどんなふうになってる?」と問うことで、「どこが好きなんだろう」「もっと知りたい」「もっと理解したい」と興味・関心を深めると同時に、「ここがこうなっててね」「こんなふうに動いてね」と身振り手振りで表すことでしょう。

このときすでに、身体表現が始まっているのです。

ある日、虫の動きについて子どもの興味・関心が深まってきたとき、インターネットで見つけた虫のスロー動画を上映してみました。すると子どもたちは、保育者が何かを言う前に虫の動きを真似し始め、映像を確認しながら様々な動きを試していく姿がありました。

ついにはそれぞれの表現が共鳴し合い、おのずとクラス全体での劇遊びへと発展していったのです。

子どもたちに心を揺り動かされる体験があり、保育者がその心の動きを引き出すような対話をデザインするとともに、思わず身体を動かしたくなるような環境を構成することで、子どもたちは自分なりの表現を創り出していくと言えるでしょう。

虫になる

虫のスローモーションを見る

第2章

つながる保育の
進め方

つながる保育の基本を押さえたところで、
実際にどのように進めていくのか、3つの段階に分けて考えていきましょう。

プロジェクトの始まり

子どもが興味・関心のあるテーマから、
探究の的を見つける

子どもの視点	保育者の視点
興味・関心のあるテーマ・トピックについての対話や関わりを通して、知りたい、やってみたい、試してみたいことを明らかにする。	保育者が何らかのテーマやトピックを焦点化し、子どもの対話や表現を促し、探究の的を絞り込む。

1 子ども理解から始まるつながる保育

　プロジェクトと言うと、あらかじめ決められた内容を進めたり、その内容は大人が決めたりするというイメージを持つ方が多いかもしれません。しかし大切なポイントは、子ども理解がすべての保育の出発点であるということです。つながる保育を進めるためには、まずは子どもの様子をよく見て、子どもの興味・関心を捉えていきましょう。

　子どもの興味・関心とは、子どもの「自己課題」とも表現できます。やりたい、知りたい、なんとかしたい、うまくやりたい、こういった「自己課題」があるからこそ、子どもの探究が生まれます。

　そこでつながる保育を進めるためには、今、子どもが興味・関心を持っているのはどこだろうと意識を向け、子どもの心を想像しながら、子どもはどんな「自己課題」を持っているのか常に意識し続けることが大切です。それらは、次のようなところに表れているはずです。

【子どもの興味・関心が表れているところ】
- 子どもが言ったこと。
- 子どもがつくったもの。
- 子どもがしたこと／していること。

こうした点に注目していると、保育の最中に子どもの興味・関心に気づくこともあるでしょうし、一日の保育を振り返っている際に気づくこともあるでしょう。そうした気づきが、プロジェクトのテーマやトピックの選定につながっていくのです。

興味・関心が現れている場面は多岐にわたりますが、一例としては以下のようなものが考えられます。

試薬を使って水がきれいかを確認中

- 休日に経験した内容をもとに、ままごとを本物らしくしようとしている姿。
- オリンピックやワールドカップなど、新聞やニュースを見聞きした内容について盛り上がっている姿。
- 散歩時などに偶然発見した自然の変化などに不思議がる姿。
- 運動遊びなどをもっとうまくやりたいと試行錯誤する姿。

2 子どもが関心を持っていそうなテーマの目星をつける

このように、日々子どもと関わり観察する中で、子どもが関心を持っていそうなテーマが見えてきたら、まずは大きなテーマを意識してみましょう。このときは、風、水、生き物といった大きさで構いません。複数の子どもが関心を持っているテーマが進めやすいでしょう。ただし、一人だけの関心であったとしても、共有する価値がありそうな場合や、ともに探究する価値がありそうな場合は、保育者の取り上げ方次第で、クラスとしてのテーマになっていくことでしょう。

目星をつける様子については、本書の後半に紹介する実践事例（第3章）をご覧いただきたいと思います。なお、この段階でテーマを細かなものにしてしまうと、子どもの発想ややりたいことを強引に方向づけしてしまうことにもなるため注意しましょう。

3 つながる保育のテーマ・トピックの選択

❶探究につながりやすいテーマ・トピックの性質

テーマ・トピックの性質によって、探究につながりやすいものとそうでないものがあります。つながりやすいものは、子どもが触れたり、感じたり、調べたり、実体験を伴うものです。

子どもが手に取っていじるなどできるからこそ、試行錯誤につながりやすいと言えます。具体的には、以下の点に当てはまるほど、子どもたちの探究の深まりや、興味・関心の持続につながりやすいと言えるでしょう。

【探究につながりやすいテーマ・トピック】

- 子どもの身近にあり、実際に存在しているもの。
- クラスやグループの多くの子どもたちが経験している（経験できる）もの。
- 子どもたちが直接調べることができるもの（ただし、危ないものではない）。
- 地域や保護者の中に、それについてよく知っている人がいそうなもの。
- 学んだことを、一人ひとり異なる方法で表現できる可能性があるもの。
  → 絵、粘土、廃材製作、身体表現、演劇、物語など。
- 一人よりも複数で取り組むとおもしろそうなもの。
- 保護者に協力を呼びかけやすく、参加することができそうなもの。
- 地域の伝統・文化に根づいたもの。
- 多くの子どもが興味を持ちそうなものであり、そこから様々な学びを得るだろうと予想できるもの。
  → 数や量、長さや重さ、文字や図形などへの学びにつながりそう。
  → 人や気持ち、歴史や文化などへの学びにつながりそう。
- 園の保育理念や方針、全体的な計画にも合致するもの。
- 発達に応じた基本的なスキルを使ったり、身につけたりする十分な機会を得られるもの。
- 保育者にとってもおもしろいもの。

　反対に、実際に触れることができないものは、広がりや深まりが生まれにくい一面を持っています。例えば、「宇宙」「星」「恐竜」「海賊船」「細菌」といったものです。これらは年齢が低いほど難しいので、年少児についてはできるだけ具体的なテーマ・トピックのほうが探究につながりやすいでしょう。

　一方で、子どもは「宇宙」「恐竜」「海賊船」といった触れられないものに対しても興味・関心を持つことが多いのも事実です。そして、これらのテーマがつながる保育のテーマとしてふさわしくないかというと必ずしもそうではありません。ファンタジーがその例です。ファンタジーに手で触れることはできませんが、子どもたちはイメージを膨らませ、その世界に没頭することができます。

昆虫の様子を見つめる

　実際に触れられないテーマであったとしても、それらがファンタジーや、モノ・人との対話につながっていったとき、探究的なプロ

恐竜を粘土と絵具で表現

ジェクトになっていくでしょう。例えば、恐竜を実際に見たり触ったりすることはできませんが、「図鑑にあるのと同じように粘土で表現したい」「粘土でつくってみたけど、うまく立たない。どうしたら立つんだろう」「もっと大きい粘土恐竜をつくりたい、色も塗りたい」「粘土以外でもつくりたい」といった具合に、子どもの探究は深まっていくはずです。

あるいは宇宙という、触ることも行くこともできない世界のことであっても、例えば『星の王子さま』（サン・テグジュペリ［著］・浅岡夢二［訳］・ゴマブックス）といったようなファンタジーの世界につながることもあります。その世界について、子ども同士で対話したり、子どもたち自身が新しい物語を紡ぎ出し、劇遊びに発展させたり、そこでの衣装や小道具を自分たちで試行錯誤してつくったりしていくような姿は、まさに探究そのものです。

このように、子どもの身近になく触れられないテーマでも、探究的な遊びや活動につながりますが、実際に身近にあるテーマのほうが探究につながりやすい、ということを意味しています。

❷ テーマやトピックは誰が決めるのか

つながる保育で大切になるのは、子どもが主体的に探究する姿です。そうした姿が現れるためには、テーマやトピックが子どもの興味・関心に基づいているのはもちろんですが、それらを決めることに子どもが「参画」することが重要です。

第1章では、「参加」と「参画」の違いについて述べました（P.17 参照）。ここでの「参加」とは、何をするかは大人が決めて子どもがそれに関わることであり、「参画」は、何をするかは子どもが決める、または決めるプロセスに子どもが関わっていることを指します。テーマやトピックを決める際に子ども自身が「参画」しているからこそ、その後の主体的な探究につながっていくのです。

しかし、注意が必要なのは、子どもがテーマやトピックを決めればよいという単純な話ではない、という点です。というのも、保育は間違いなく教育的活動であり、保育者が子どもの学びをデザインしていく必要があるからです。そのため、子どもたちから出てきたテーマやトピックのうち、どれが取り組む価値がありそうかといったことや、どれが子どもの発見や学びにつながりそうかを考えるのは、保育者の役割です。そのような意味で、最終的なテーマやトピックを決めるのは保育者の責任と言えます。

ですので、大切になるのは、テーマやトピックが決まる場に子どもが居合わせること、そして保育者として教育的な観点に基づいて子どもの対話をファシリテートすることです。そのようにして、子どもたちが自分で決めた、あるいは、決める場に立ち会ったと思えることが、主体的に取り組む姿につながっていくと言えるでしょう。

なお、あらかじめ活動のテーマが決まっている園もあるかもしれません。例えば、4月の入園・進級の時期であれば「仲間」や「出会い」、6月の梅雨の時期であれば「水」といったように。このようなケースは、必ずしも今まさに子どもの中に沸き起こっている興味・関心に基づくものではありませんが、その時期の子どもたちが共通して関心を持ちやすかったり、「自己課題」(P.28 参照)を持ちやすいことが想定されるテーマだと言えるでしょう。また、保育者としては、あらかじめテーマが決まっていることで、考えやすいというメリットもあるでしょう。

　そういった面を認めつつも、本書は今まさに子どもの中に沸き起こっている興味・関心をもとに保育を展開していく方法を取り扱っています。

4 計画ウェブマップをつくる

　子どもの様子を見ながら、進めていきたい(進めていく価値のある)テーマがある程度決まったら、そのテーマを中心にしたプロジェクトの可能性を探る計画ウェブマップをつくりましょう。この計画ウェブマップは保育者がつくります（これとは別に、子どもと一緒につくるウェブマップがあります（P.40 参照））。

　つながる保育がうまくいくコツの一つは、活動の前に保育者がこの計画ウェブマップを書く点にあります。これを書いておくことで、活動の導入がスムーズになったり、見通しを持てたりすると同時に、子どもの反応に対して「フムフム」「シメシメ」「そうきたか」など、豊かな反応をすることができます。また、豊かな環境構成も可能になります。

❶計画ウェブマップとは

　「ウェブ」というのは「くもの巣」のことですが、ここでのウェブマップは、くもの巣が中央から広がってつながるように、遊びや活動間のつながり、経験させたいこと（経験したこと）のつながりが目に見えるよう図式化するものです。これにより、中心に位置づけた活動から関連性を持って展開を予想することにつながります。また、つながりが図式化されることでさらに発想を喚起し、着想が広がりやすくなります。

　また、計画ウェブマップを書くことで一つひとつの遊びを丁寧に考えるようになり、遊びの広がりやつながりが分かってきます。そして、活動の予想をしているからこそ、それに応じた環境構成を行ったり、保育の展開をイメージするとともに、展開に応じた言葉かけも可能になります。そうなると保育者がゆったり構えることができ、子どもの興味・関心が表れた言動に対して、保育者が主導しすぎることなく、楽しみながら対応することができるでしょう。

【計画ウェブマップを書くメリット】

- プロジェクトの方向性を見通すことができる。

- プロジェクトを通して子どもが学びそうな内容や言葉の目星をつけることができる。

- 必要な環境構成をイメージできる。

- プロジェクトに彩りを与える園外の探索活動の行先や、トピックに詳しく協力してもらえそうな人の目星をつけることができる。

- プロジェクトが深まる可能性を探ることができる。

❷計画ウェブマップに書く視点

　計画ウェブマップには、何を書いたらいいのでしょうか。

　まずは用紙の中央に、中心となるテーマを記入したうえで、そこから派生するように以下の視点で様々なキーワードや内容を書いてみましょう。

【計画ウェブマップに書く視点】

- 子どもがしそうな行動。

- 子どもが出合いそうなキーワード。

- 子どもが持ちそうな疑問。

- 子どもの探究につながりそうな保育者の問いかけ。

- トピックに関連する物的環境（素材、道具）。

- トピックに関連する教材（図鑑、絵本、写真、新聞、チラシ、雑誌、映像等）。

- トピックについて詳しそうな人、場所。

- 関連する事柄。

- 想定されるねらい。

　計画ウェブマップをつくる際は、ぜひ上記すべての視点で書いてみてください。とりわけ、「子どもが持ちそうな疑問」や、「子どもの探究につながりそうな保育者の問いかけ」は、子どもが主体的に探究していくために重要なものとなります。

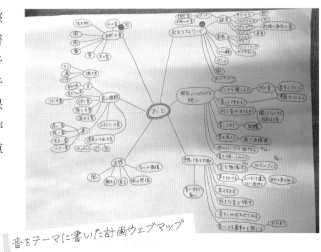

音をテーマに書いた計画ウェブマップ

❸ 実際の書き方

以下、「風」というテーマで考えてみましょう。

（ア）子どもがしそうな行動

まずは、「風」という事柄について、子どもがどんな行動をしそうか想像してみましょう。すると、例えば、以下のような行動が予想されます。

- 息を吹く。
- 走って風を感じる。
- うちわや扇子で扇ぐ。
- 空気清浄機の吹き出し口に手を当て風を感じる。
- 雲を見上げる。

（イ）子どもが出合いそうなキーワード

そして、子どもたちが「風」について感じたり、調べたりする中で、どんなキーワード（言葉）に出合うか予想してみましょう。例えば、以下のようなものが考えられます。

- 強い風、弱い風
- 速い風、遅い風
- 追い風、向かい風
- 風速
- 台風
- 風力発電

（ウ）子どもが持ちそうな疑問

また、子どもが「風」に興味を持って遊んだり、試したり、話し合ったりする中で、どんな疑問を持ちそうか予想してみましょう。例えば、以下のようなことが考えられます。

- なぜ風が吹くのか。
- 風はどこから来るのか。
- 風はどこに行くのか。
- 風はつくれるのか。

（エ）子どもの探究につながりそうな保育者の問いかけ

さらに、「風」について子どもがおもしろがって知りたくなったり、試したくなったりするには、保育者はどのような「問いかけ」をするとよいでしょうか。サークルタイムの時間などで、保育者が子どもたちに「○○ってどう思う？」「○○ってどうなんだろうね？」と投げかけるイメージをしてみてください。例えば、以下のようなものが考えられます。

- 風ってどこにあると思う？
- どうしたら風が吹いていることが分かるかな？

- 風って見えるの？　風を見るにはどうしたらいいと思う？
- 風って消えちゃうの？
- 風ってつくれると思う？　どうしたらつくれると思う？
- どうしたら強い風や弱い風ができる？
- 風ってどれくらいのものを動かせると思う？

こうした問いに向き合った子どもたちは、ハッとすると同時に思わず様々なことを話したり試してみたくなったりするのではないでしょうか。

（オ）テーマやトピックに関連する物的環境（素材、道具）

子どもは具体的、直接的なモノとの関わりによって、経験を深めていきます。そこで、子どもの行動を誘発・発展させたり、疑問を持ったり、発見したりするには、どのような物的環境があればいいか想像してみましょう。例えば、以下のようなものが考えられます。

- うちわ、扇子
- 凧
- 帆船
- 風車
- 紙飛行機
- めんこ
- シャボン玉
- スズランテープ
- 紙きれ
- 煙
- カーテン
- 風見鶏

（カ）テーマやトピックに関連する教材

物的環境の中には、図鑑、絵本、写真、新聞、チラシ、雑誌、映像といった教材も含まれます。これらは、保育者が直接的に語らずとも、子ども自身がそれを見ることによってヒントを得ることができるため、「自分で発見した」という思いを持てたり、興味・関心を広げたりするのに役立ちます。例えば、以下のようなものが考えられます。

- 台風の写真や映像、新聞
- 風力発電の写真や映像
- 雲の動きの映像

（キ）テーマやトピックについて詳しそうな人、場所

　環境には人や場所も含まれますが、子どもたちの探究は、保育室の中だけとは限りません。そのテーマについて詳しくて協力を仰げそうな人や、子どもの探究につながりそうな場所をイメージしてみましょう。例えば、以下のようなものが考えられます。

- 小学校の理科の先生
- 気象予報士、気象庁の人
- ウィンドサーフィンやパラグライダーをしている人
- 家電屋の店員さん（扇風機など）
- 河原や海などの風の強いところ

（ク）関連する事柄

　そして、「風」というテーマからつながりそうな事柄をイメージしてみましょう。以下のようなものが考えられます。

- 天気
- 雲
- ヨットレース
- 風力発電

（ケ）想定されるねらい

　そのテーマやトピックについてイメージを広げていくと、子どもが経験できることのイメージも広がり、想定されるねらいも浮かんでくることでしょう。こうしたねらいも書き込んでいくと、指導計画を立てる際に役立ちます。

- 風に興味を持つ。
- 風に関する様々な言葉を知り、使おうとする。
- 風の不思議さに気づく。
- 風の性質や仕組みを知ろうとしたり、発見を楽しんだりする。
- 風を感じて思い切り体を動かしたり、表現しようとする。
- 風を使って試したり、工夫したりして遊ぼうとする。
- 風を使って遊ぼうとする中で、友達と協力しようとする。

　文章だけで指導計画を書くのと比べて、計画ウェブマップをつくることで様々なイメージやアイデアが浮かんでくるはずです。そして、具体的な活動の前にイメージを広げておくことが、準備や探究を支えることにつながります。ただし、計画ウェブマップに書かれたことはあくまでも予想であり、これ通りに進めなければならない、ということではありません。子どもたちの興味・関心が立ち上がるところを大切にしながら進めていくことが重要です。

❹ 計画ウェブマップの書き方のコツ

　計画ウェブマップを書くことに慣れないうちは、その作成に難しさを感じるかもしれません。そこで、付箋を使って以下のような方法で取り組んでみることをお勧めします。また、一人で行うよりも複数の保育者で行うほうが、様々なアイデアが出てきたり発見があったりして効果的です。

（ア）注目したいテーマを決める

■ 子どもたちが遊んでいる姿や場面から、子どもが興味・関心を持っていそうなテーマを判断する。

（イ）テーマに関係する言葉をできるだけ多く付箋に書き出す

■ テーマに関連する事柄を思いつく限り付箋に書き込む（何でもよい）。
■ 1枚の付箋には一つの言葉だけ書く。
■「計画ウェブマップに書く視点」（P.33 参照）の項目を書き込む。
■ 抽象的ではなく具体的に書く。
■ 少なくとも 50 個以上は書く。

（ウ）付箋を分類する

■ 書き出した言葉（付箋）を似た内容でグループ化する。
■ ほかに比べて言葉（付箋）が少ないグループがあれば、言葉（付箋）をつけ足す。
■ 曖昧な表現の付箋があれば、より詳しい言葉に置き換える。

（エ）分類されたグループに、グループ名をつける

■ できるだけ短く、そのグループを端的に表す名前をつける。
■ 作業中にグループを統廃合したり、言葉（付箋）をつけ足してもよい。
■ 書いた付箋の言葉そのものがグループ名になることもある。

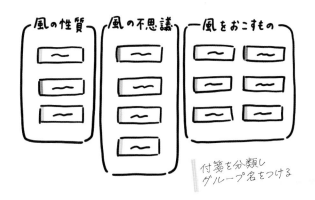

追い風　強風　向い風　風車　風圧　風力

テーマに関することを書き出す

風の性質　風の不思議　風をおこすもの

付箋を分類しグループ名をつける

（オ）計画ウェブマップとして仕上げる

- 用紙の中心に、テーマ名を書き入れる。
- テーマ名の周りに、（エ）の作業で出てきたグループ名を書き、中心のテーマ名と線で結ぶ
- グループ名の周りに関連する付箋を貼りつけていく（または書き込んでいく）。
- この際、分かりやすいように色づけしてもよい。

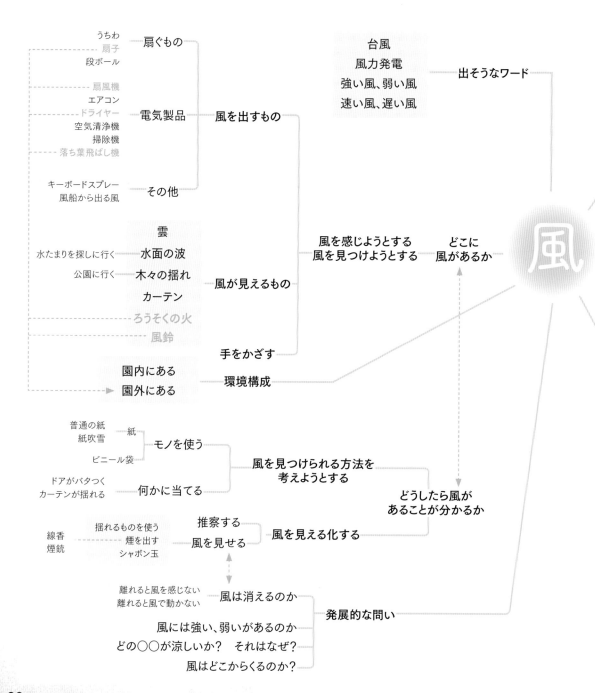

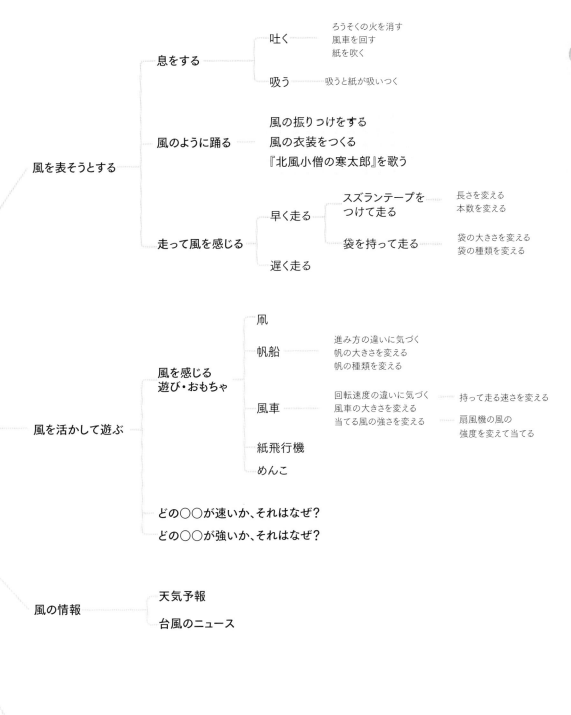

風を表そうとする
- 息をする
  - 吐く
    - ろうそくの火を消す
    - 風車を回す
    - 紙を吹く
  - 吸う
    - 吸うと紙が吸いつく
- 風のように踊る
  - 風の振りつけをする
  - 風の衣装をつくる
  - 『北風小僧の寒太郎』を歌う
- 走って風を感じる
  - 早く走る
    - スズランテープをつけて走る
      - 長さを変える
      - 本数を変える
    - 袋を持って走る
      - 袋の大きさを変える
      - 袋の種類を変える
  - 遅く走る

風を活かして遊ぶ
- 風を感じる遊び・おもちゃ
  - 凧
  - 帆船
    - 進み方の違いに気づく
    - 帆の大きさを変える
    - 帆の種類を変える
  - 風車
    - 回転速度の違いに気づく
    - 風車の大きさを変える
    - 当てる風の強さを変える
      - 持って走る速さを変える
      - 扇風機の風の強度を変えて当てる
  - 紙飛行機
  - めんこ
- どの○○が速いか、それはなぜ?
- どの○○が強いか、それはなぜ?

風の情報
- 天気予報
- 台風のニュース

風に詳しい人
- 気象予報士、気象庁の人 ── 風速について教えてもらう
- ウィンドサーフィンをしている人 ── 風で動くことを教えてもらう
- 小学校の理科の先生 ── 風の実験について聞く
- 扇子屋さん ── 風を吹かすコツを聞く
- 道路清掃業者さん ── 落ち葉飛ばし機を持ってきてもらう

❺ 計画ウェブマップを更新する

　なお、この計画ウェブマップは、一度つくって終わりではなく、子どもたちの探究が始まったら、その活動の様子を踏まえて更新していきましょう。更新にあたっては、以下の点を意識してみましょう。

（ア）予想していた子どもの姿やキーワード・環境を◯で囲み、日付を書く

　プロジェクトを進めるにつれ、当初のウェブマップに書かれた（予想された）「子どもの姿」や「キーワード」「環境」が現れてきます。それらをウェブマップ上で◯で囲んだり、色をつけたりして、現れた日付を記入します。

（イ）新たに出てきた子どもの姿やキーワード、環境などを追記し、日付を書く

　新たな様子（子どもの姿、環境、キーワード）が出てきたときには追記します。

（ウ）重要だったと考える環境構成や援助を強調する

　プロジェクトの展開で重要だったと感じる環境や援助を色で囲むなどして強調します。ターニングポイントになった場面などをイメージしてみましょう。

（エ）必要に応じてエピソードや写真を添付する

　写真やちょっとしたエピソードなどを貼ると、ウェブマップに厚みが出たり、振り返りの際に役立ちます。

5 子どもとのウェブマップづくり

❶ 子どもとつくるウェブマップとは

　保育者が見通しを立てるための計画ウェブマップをつくったら、いよいよ子どもたちとの探究を始めていきましょう。その際、子どもとの話し合いをウェブマップにまとめながら進めてみましょう。ウェブマップによってイメージを広げやすくなるのは子どもも同じです。

　子どもと一緒にウェブマップをつくる際は、ホワイトボードやイーゼルを囲んで円形になりましょう。保育者はイーゼル等の隣で、子どもから出た意見を書き込んでいきます。あるいは、保育者が模造紙やスケッチブック等を手元に置いて子どもの意見を書き込み、それを子どもに見せて話を重ねていくこともできます。

子どもの発言等を可視化する

このように個々の子どもの意見を可視化することで、クラスやグループ全体で共有され、全体の知につなげることができます。文字をまだ読めない子もいますが、自分の意見が取り上げられて目の前で書かれるのを誇らしく感じ、たくさんの意見が出てくるでしょう。また、その言葉からの連想でさらに別の意見につながりやすくなります。

このようにして書き表していくことで、分かっていることと分かっていないことを整理できたり、誤解していることや調べてみたいことなどが浮かび上がってきたりします。保育者としても、子どもたちの今の理解の程度や、疑問、知りたいことなどが分かり、プロジェクトをどのように進めればよいかが見えてくることでしょう。

❷ 今の理解や知識、経験を表してみる

まずは、取り上げたテーマ・トピックについての子どもたちの現在の理解や知識、経験を確認します。

例えば、「○○についてどんなこと知ってる?」「○○について見たことある? どんなだった?」など、子どもたちの経験や知っていることを尋ねます。すると子どもたちは、それまでに見聞きし経験した様々なことを発言し始めるでしょう。

そのようにして出てきた言葉を、保育者は子どもたちの前で、ホワイトボードやイーゼル、模造紙などに、ウェブマップとして書き込んでみてください。

こうすることで、一人ひとりの経験や知識を友達同士で共有することができ、探究への土台づくりとなっていきます。

なおこの段階では、子どもたちの意見に「正確でないこと」が含まれるのは当然です。しかし、保育者としては、指摘したり正解を伝えたりする必要はありません。どのような意見でも安心して表現できる場づくりが大切ですし、「本当かどうか試してみよう」というようにその後の探究にもつながっていくからです。そのため、このようなときは「ほかの人はどう思う?」と別の意見を引き出すことで、様々な見方があることへの気づきを促していくとよいでしょう。

正解を出したり、知ったりすることが目的ではなく、探究を進めていく中で、発見や気づきにつながるプロセスが大切になるのです。

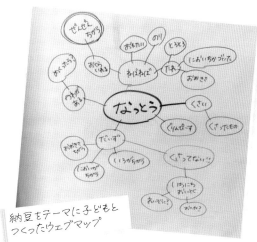

納豆をテーマに子どもとつくったウェブマップ

❸ ウェブマップで対話を広げ、深める

このようにテーマやトピックに関して今の子どもの理解や知識・経験を尋ね、表していくことで、様々な意見を引き出すことにつながるでしょう。そこからさらに対話を広げ深めるには、「それってどういうこと？」「ほかにはどんなものがある？」と尋ねてみましょう。また、以下のような視点で尋ねてみるとよいでしょう。

【対話を広げ、深めるポイント】

〈テーマに関連して〉

- 知っている言葉 ………… 例）「扇風機」「台風」
- 発見したこと ………… 例）「強い風と弱い風があるよ」
- 持っているイメージ ……… 例）「風っておばけみたい」
- 知りたいこと ……………… 例）「風って見えるの?」
- やってみたいこと ……… 例）「風が吹いているところを探そう」

子どもとつくるウェブマップは、一度書いておしまいではなく、そのプロジェクトが終わるまでできるだけ消さずに残しておきましょう。なぜなら、やってみてどうだったか、試してみてどうだったかなど、振り返りに活用できるとともに、子どもたち自身もそれを見ながら活動できるからです。

そして、子どもから出てくる新たな発見や意見は、どんどん書き足していきましょう。多くの言葉が書き足されるトピックは、子どもの興味・関心の広がりや深まりを表していると言えるでしょう。

なお、複数担任でクラス運営をしている場合は、一人が子どもの発言のメモをとり、一人が話し合いを進めていくとよいでしょう。

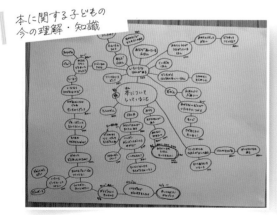

本に関する子どもの
今の理解・知識

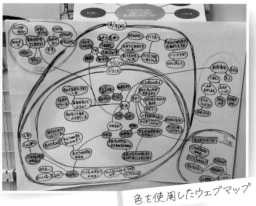

色を使用したウェブマップ

6 探究を始める

❶ 分からないこと、知りたいこと、試したいことを整理しよう

　子どもたちがすでに持っている知識や経験を整理しながら、ウェブマップをつくっていくと、分からないこと、知りたいこと、やってみたいことがあぶり出されてきます。こうした「〜したい」という気持ちが子どもの内発的動機となって、探究が始まります。

　例えば「風でカーテンが揺れるのを見たことがある」というＡ君に対し、Ｂ君は「そんなの見たことない」状態だったとします。するとＢ君の中に「見てみたい」「確かめてみたい」と、それがやってみたいこととしてあぶり出されてくるのです。

　一人ひとり知識や経験が違うため、子ども同士で話し合いをすることで、分からないこと、知りたいこと、試したいことは一つではなく様々出てくるでしょうし、それが探究への第一歩となっていきます。

❷ 調べたり、試したり、表現したりしてみる

　分からないことや知りたいこと、やってみたいことがあぶり出されたら、実際にそれらを調べたり、試したり、表現したりする活動を進めてみましょう。

　先ほどの例で言えば、「風が吹くと本当にカーテンが揺れるのか試してみよう」といった具合です。保育者としては、子どもたちがそのテーマについて興味・関心が深まったり広がったりするような環境構成や関わりを進めましょう。

　このような、調べたり、試したり、表現したりする行動は、必ずしもクラス全員で行う必要はありません。個人で、あるいは数名のグループで、調べたり試したりすることができます。ある子どもたちは「風」を探すかもしれませんし、ある子どもたちは図鑑で調べるかもしれません。さらに別の子どもたちは絵で表現するかもしれません。自ら関心を持ってやってみたいと思う活動の下支えをしていきましょう。

　そして、このような探究的な活動が始まったら、どんなことをしたのか、どんな発見があったのか、サークルタイムで振り返ってみましょう。毎日、夕方にサークルタイムを行い、その日を振り返ることで、それぞれが行ったことやそこでの発見、工夫、新たな疑問などをクラス内で共有し、そこで出てきたキーワードなどを、ウェブマップに追加していくのです。

子どもの意見を
追加していく

❸ グループサイズを工夫する

活動を進めるグループの大きさには、様々なサイズがあります。

ある子どもが、一人黙々と試行錯誤しながら泥団子をつくっていたとします。これは一人のプロジェクトと言えます。3人くらい集まって、話し合ったり助け合ったりしながらつくっていたら、3人のプロジェクトです。これがクラス全体のムーブメントになれば、クラスとしてのプロジェクトと言えるでしょう。

さらには、同じ泥団子づくりでも、あるグループはうまく泥団子がつくれる土を探しているかもしれませんし、別のグループは大きな泥団子をつくることに夢中になっているかもしれません。ほかにも、でき上がった泥団子をカッコよく飾ることを考えているグループもあるかもしれません。

そうしたそれぞれのグループでの発見や工夫を夕方のサークルタイムで共有すると、子どもたちの興味・関心が広がり、さらなるムーブメントや展開、協同的な探究につながっていくのです。

つまり、全体で一つのテーマに取り組んでいるように見えつつも、いくつもトピックがあって、グループサイズも様々なわけです。クラス全員で同じことをしなければならないと考えるのではなく、トピックを細かく考えたり、グループサイズを小さく考えたりして、子どもたちが自分の興味・関心に向かって探究し、それが全体としてのうねりになるよう展開していきましょう。

実際に、たくさんの人数になるほど、一人ひとりがいじくったり試したりする経験量が少なくなっていきますし、年齢や発達に適したグループサイズで進めるほうが、活動が活発になっていきます。話し合いの場面でも、低い年齢ほど小さなグループで進めるのが適しているので、クラス単位での話し合いは年中児くらいからうまく進むようになるでしょう。

それぞれの興味・
関心を大切に

7 サークルタイムを実施する

つながる保育では、子ども同士の対話が大きな鍵を握ります。対話する中で、子どもたちは様々なことに気づいたり、発見を共有したりして、活動が発展していきます。しかし、放っておくだけでは子どもたちの対話は豊かになりません。保育者がファシリテーターとして子どもたちの対話をうまくデザインしていく必要があるのです。

❶ 朝夕に対話の場を設ける

サークルタイムは、朝と夕に設けることが効果的です。子どもの探究は振り返りによって深まっていくため、一日の終わりの時間に設けるサークルタイムでその日の活動を振り返ってみましょう。

そして、翌朝のサークルタイムは、前日の出来事を振り返ったり、家族と話したことを発表したりする中で、今日やってみたいことを整理し、自覚する場としていきましょう。こうした対話によって、子ども自身が見通しを持つことにつながり、主体的な姿につながっていきます。

日々が慌ただしく過ぎていき、子どもたちとゆっくり話す時間を持ちづらいかもしれません。しかし、この対話の場があるかないかは、保育のおもしろさに大きく影響するはずです。

❷ 話しやすくなる工夫をする

しかし、ただ単に話す場を設けるだけでは、対話につながりません。対話とは、誰かが一方的に話すことでも一人ずつ順番に意見を言っていくことでもありません。他者の意見に反応し合ったり、意見が積み重なったりして、新たな意味や発見を見出していくことです。そうした場にするには一人ひとりが安心して表現できることが大切で、保育者にはそのような関係性をデザインしていくことが求められます。

そのような背景から、サークルタイムでは保育者と子どもが円形になって話し合うようにしてみましょう。教室のように大人と子どもが対面するのではなく、お互いの顔が見える円形で行うことで、保育者対子どもというタテの関係ではなく、子ども同士、あるいは保育者と子どもが同じ立場というヨコの関係をつくっていきましょう。

また、誰でも意見を言って大丈夫という雰囲気をつくることが大切です。そのため、保育者自身が子どもの意見の間違いを指摘しないのはもちろんのこと、「間違ったことを言っても大丈夫」「相手の意見を否定しない」という環境づくりを心がけ、安心感のある時間と

話す子どもが
椅子に座り注目を集める

なるようにしていきましょう。そして、自分の意見をうまく表現できない子どもに対しては、保育者が「それってこういうこと？」と言い換えたり代弁したりするなどして、一人ひとりの意見が尊重されるようにしていきましょう。

　話し合いの人数もポイントになります。話しやすさという視点では少ない人数のほうが適していますが、多人数で行うと多様な意見が集まったり共有できたりします。対話の内容によって、グループサイズを調整してみましょう。

　なお、保育者として、つい正しい知識や答えを言いたくなってしまう場面もあるかもしれませんが、保育者自身がしゃべりすぎないことや、分かっていても言わないということはとても重要になります。子どもの意見が出ないときにも、じっくりこらえて待つことを大切にしましょう。そうした姿勢が、子どもたち自身が考えたり、発言したり、「〜かもしれない」という予想や仮説を立てたりすることにつながっていくはずです。

❸ オープンクエスチョンで尋ねる

　保育者が子どもたちに投げかける問いが、対話の広がりや深まりを大きく左右します。なぜなら、問いには次のような性質があるからです。

【問いが持つ性質】

● 思考や感情を刺激する。

● グループのコミュニケーションを誘発する。

● 新たな意味やアイデアを生み出す対話のきっかけとなる。

● 新たな別の問いを生み出す。

● 関係性をフラットにする。

　裏を返すと、問いのあり方次第では子どもたちの思考や感情を刺激せず、コミュニケーションを誘発しないということになるわけです。

　例えば、「今日、楽しかった人？」と子どもに問う場面はありませんか？　その問いからは「はい」か「いいえ」しか生まれません。そのため、子どもたちの思考も感情も刺激しないのです。一方で、「今日はどんなところが楽しかった？」「どんなことが分かった？」と問うと、子どもたちから様々な意見が出てくるはずです。

　同じように、「石」を手に持った保育者が「これは何？」と問うのと、「これについて教えて」と問うのでは、子どもたちの反応が大きく変わります。前者では、子どもたちは「石！」と答えるでしょう。しかし、後者では、「石」のほかに、「固そう」「黒い」「ごつごつしている」「重そう」など、様々な視点から答えることができるのです。

　また、保育者が子どもに「説明する」とき、それはタテの関係ですが、「どう思う？」と「問い」を投げかけ、子どもが思い思いに答えるとき、保育者と子どもはヨコ、つまりフラットな

関係にあると言えます。そして、子どもと保育者がともに探究するフラットな関係であるとき、子どもが保育者に「○○はどうなの？」と問い直すことも起こるわけです。

このように問いのあり方が対話を左右すると言えますが、保育者はどのように問いかければよいのでしょうか。

子どもたちの対話に広がりや深まりを生むために、「オープンクエスチョン」を取り入れてみましょう。オープンクエスチョンとは、相手が自由に考えて答えられる質問です。「はい／いいえ」では答えられない質問と理解してください。一方で、「はい／いいえ」で答えられたり、答えが決まったりしている質問は、クローズドクエスチョンと言います。

以下のようなオープンクエスチョンで尋ねることで、子どもの意見や想像を促したり、子ども同士の対話につなげたりすることができます。そして、子どもたちの中の、分かっていたようで分からないことをあぶり出し、探究の的（P.55 参照）を絞り込んでいくことができるでしょう。

日頃の保育を振り返ってみると、ついクローズドクエスチョンばかりになっていることに気づくかもしれません。オープンクエスチョンを意識して実践することで、子どもの対話を促すだけでなく、保育そのものにも大きな変化が生まれてくるでしょう。

【オープンクエスチョンの例】

- どうしてだと思う？
- それはなぜだと思う？
- どうしてそう思ったの？
- どうなると思う？
- ○○したらどうなると思う？
- どうしたら分かると思う？
- どうしたらうまくいくと思う？
- 何があるとうまくいくと思う？
- ほかにどんなことができると思う？　あると思う？
- 誰なら知っていると思う？
- ほかにどんなところに行けると思う？

【クローズドクエスチョンの例】

- 楽しかった？（はい／いいえで答えられる）
- 今日は何曜日？（答えが一つに決まっている）

8 探究が深まる環境づくり

つながる保育を進めるうえでは、子どもたちが試したり、確かめたり、調べたり、表したりできる環境づくりがとても大切になります。なお、計画ウェブマップで環境についてイメージを膨らませておくと、環境構成を豊かにするのに役立ちます（P.37 参照）。

ホンモノの野菜を触れるように

❶ 子どもの探究が深まる環境づくり

（ア）ホンモノを持ち込んでみよう

保育環境にホンモノが持ち込まれたとき、子どもの興味・関心は大きく高まります。ホンモノとは、子どもがこれまであまり触れることのなかった実際の部品や、大人や職人が使っている道具といったものを指します。子どもたちは、こうしたホンモノに触れたり調べたりすることで、それまで持っていた知識が広がったり、新たな疑問が生まれてきます。

様々な種類の種

例えば、ごっこ遊びのコーナーにホンモノの聴診器やキーボード、買い物かごなどがあることで、ごっこ遊びの発展にもつながります。効果的に保育室にホンモノを持ち込んで、子どもの興味・関心を高めていきましょう。

「風」というテーマの場合、以下のような環境構成によって、子どもたちの試してみたい欲求を引き出すことができそうです。

- うちわや扇子
- しゃぼん玉
- 扇風機
- 風車
- ストロー
- ドライアイス（煙を出して風の動きが分かるため）
  ※子どもが触れないような注意が必要

海の砂に触れる

（イ）オープンエンドな素材を集めてみよう

　探究が始まると、子どもたちは様々なことを試し、自分なりのアイデアを表現したくなります。そこで、そうした表現活動ができるようオープンエンドな素材をたくさん用意しましょう。オープンエンドな素材というのは、紙や空き箱、ペットボトルキャップなど、ある意味で使い方が限定されていない素材や道具のことを指します。一方で、ハサミや筆といったものは、使い方が明確になっている道具と言えます。使い方が限定されていないオープンエンドな素材だからこそ、子どもたちは自分のイメージに応じて、自由に使用したり組み合わせたりしながら活用できるのです。

　なお、こうしたオープンエンドな素材を集める際は、積極的に保護者の協力を得ることもできます。

　ただ、オープンエンドな素材を集めただけでは探究につながりません。子どもたちの中に「つくってみたい」「表現してみたい」という内発的動機があるからこそ、それらを使って何かを表現しようとするのです。逆に言うと、そうした内発的動機がなければ、オープンエンドな素材はただ単にそこに置いてある飾りになってしまいます。

　つまり、子どもたちの中に表現したい欲求があって、そのそばにオープンエンドな素材があるからこそ、子どもたちはそれらを使って創造的に表現をし始めるのです。

　そのためにも探究の的（P.55 参照）や知的好奇心を引き出すことを大切にしながら、環境構成を進めていきましょう。

＜表2　探究を深める素材の例＞

描く	塗る	立体	道具	貼りつける
マジックマーカー	イーゼル	粘土	ハサミ	木片（各種）
色鉛筆	水彩絵の具（固形）	小麦粉粘土	裁ちバサミ	布のはぎれ（各種）
普通の鉛筆	水彩絵の具（液状）	粘土遊び道具	小バサミ	自然物
鉛筆削り	指絵の具	粘土板	左利き用バサミ	（花びら、枝・葉・石など）
クレヨン	スタンプ台（複数色）	紙粘土	段ボールカッター	フェルト生地
クレパス	スタンプ（各種）	小さな木片	グルーガン	ティッシュペーパー
パステル	はけ・筆	クラフトスティック	マスキングテープ	ポンポン
白チョーク	パレット	針金	セロファン	雑誌
カラーチョーク	筆洗いバケツ	スポンジ	スコッチテープ	新聞
油性ペン	水差し	ボウル	ホチキス	裏紙
チャコールペンシル	スモック	カラーモール	穴あけパンチ	ひも
黒板	様々な塗り物	ラッピングタイ	ストロー	毛糸
白板	（スポンジ、ローラー、紐など）	段ボール	スポイト	リボン
ホワイトボード用マーカー		箱	紙袋	ガラスタイル
様々なサイズ・色の紙		筒	卵の空き箱	
カード（白紙）の束		ホース		
トレーシングペーパー		S字フック		
		クッション材		

自由に使える環境づくり

子どもが見やすく使いやすい工夫

身近な素材を利用する

美しく配置することも大切

カラーモール

クラフトスティック

ラッピングタイ

ストロー

S字フック

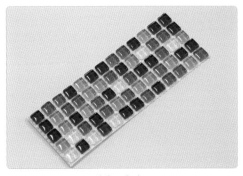

ガラスタイル

クッション材

スポイト

セロファン

ポンポン

ひも

フェルト生地

針金

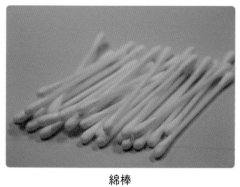

綿棒

毛糸

段ボールカッター

様々な工業用部品①

麻ひも

様々な工業用部品②

❷ 子どもの探究を支える環境づくり

（ア）プロジェクトコーナー

　子どもたちの探究を支えるために、保育室の一角にプロジェクトに関するコーナーを設けてみましょう。そこには、そのテーマに関する図鑑や絵本、写真、素材などがあり、いつでもそのテーマに触れられるようにしておくと、子どもたちの興味・関心が広がったり深まったり、持続したりすることでしょう。

　また、探究が始まると、子どもたちは様々なものをつくり始めます。そうしたものもプロジェクトコーナーに展示し、お互いに見られるようにしましょう。こうすることで、そのテーマやトピックに関する話し合いを豊かにしたり、子どもたちの表現の共有にもつながります。

オリンピック・パラリンピックに関するコーナー

本づくりのコーナー

色をテーマにした環境づくり

カラーセロファンで遊ぶ姿

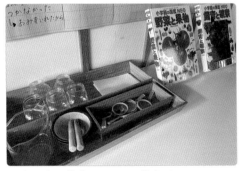
木の実や草木をつぶして染色するコーナー

納豆をテーマにしたコーナー

（イ）プロジェクトボード

　プロジェクトコーナーには、子どもたちの興味・関心が高まり持続するよう、プロジェクトボードを設置してみましょう。

　プロジェクトボードとは、プロジェクトに関する掲示板と言えます。ここには、子どもたちがプロジェクトに関して発見した言葉や、出合った言葉を並べてまとめていく場所です。また、テーマについての写真や新聞（子どもや保護者が家庭から持ってきたものも含む）やエピソードを貼っていくのもよいでしょう。それらを種類によってグループ化したり、ちょっとした説明ラベルをつくったりするのも効果的です。

　そのため、そうした言葉をいつでも書き込めるよう、画用紙などでつくったカードをプロジェクトボードのそばに何枚も用意しておくとよいでしょう。新しく出合った言葉を、保育者がこのカードに書いて貼ることもできますし、年長児くらいになると子ども自身が書いて貼ることもできます。

　このようにして出合った言葉は、プロジェクトのプロセスを表す貴重な軌跡となっていきます。そのため、保育者は子どもたちに、「新しくどんな言葉を発見した？」「どんな言葉が追加できると思う？」などと定期的に尋ねて、プロジェクトの象徴的な言葉が増えていくようにしましょう。なお、言葉が多くなってきたときは、似たようなカテゴリーや五十音順に並べるなどして、見やすくなるよう工夫しましょう。

　つまり、プロジェクトボードは一度つくって終わりではなく、保育者と子どもが一緒になって更新していくものなのです。

種の有無を調べたプロジェクトボード

子どもの発言をまとめたプロジェクトボード
（納豆がネバネバする理由）

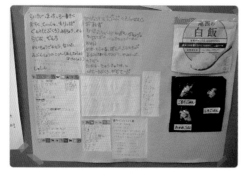

避難グッズについてのプロジェクトボード

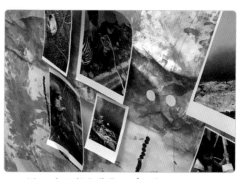

川のゴミを拾う道具のプロジェクトボード

9 探究の的を洗い出す

① 探究の的とは

　ある程度、子どもたちの探究が進んできたら、探究の的を洗い出していきましょう。つながる保育では、この「探究の的」を明らかにすることが大切になります。そして、それを明らかにできたら、その探究を進める第2段階へとつながっていきます。

　探究の的というのは、「何となく知りたい」という程度のものではなく、「明らかにしたい！」「確かめたい！」という、より強い知的好奇心を指します。例えば、「どうしたら強い風をつくれるのだろう」とか「どうしたら風が吹いているのを見ることができるだろう」といったものです。このような知的好奇心が、「強い風をつくりたい」「風を見えるようにしたい」という探究につながっていくのです。

　探究の的は、次のようなプロセスで絞り込みやすくなります。まず、今の理解や知識を表してみることで、分からないこと、知りたいことがあぶり出されます。そして、それを実際に確かめてみることで、興味・関心が高まっていき、子どもたちなりの発見も増えていきます。その一方で、分かっていないこと、不思議に思うこと、うまくいかないことなどの存在に気づくからこそ、より強い知的好奇心としての探究の的に出合うというプロセスになるのです。そのため保育者は、子どもたちがそういった探究の的に出合えるよう、対話をファシリテートしていきましょう。

＜図4　探究の的をあぶり出すプロセス＞

❶ 子どもの今の理解や知識を表す（尋ねる）

▼

❷ 知っていることが明らかになる

▼

❸ 分かっていないこと、知りたいことがあぶり出される

▼

❹ それについて話し合ったり確かめたりしてみる

▼

❺ まだ分からないこと、さらに知りたいこと、やってみたいことがあぶり出される

探究の的

こうした強い知的好奇心としての探究の的が、その後の探究的な活動の基盤となっていくのですが、一つに絞り込む必要はありません。複数あれば、その分様々な探究的な活動が生まれることでしょう。また、いったん出てきた探究の的は、その後変化していくこともありますし、途中で立ち消えることもあります。保育者としては一つのものに固執することなく、ゆったりと子どもと関わっていきましょう。

なお、「風」に関するプロジェクトでの探究の的として、以下のような例が考えられます。

- 風はつくれるのか。
- どうしたら風が吹いていることが分かるのか。
- どうしたら強い風や弱い風ができるのか。
- 風でものを動かすことはできるのか。

子どもに問いを
投げかける

このような探究の的があぶり出されてきた際、その後の子どもたちの活動はどうなるでしょうか。何となく風について考えているときと比べて、明らかに子どもの探究の様子、熱中・没頭の様子が違ってくるのがイメージできるかと思います。

❷ 探究の的を引き出すオープンクエスチョン

このような子どもたちの「なんだろう？」「知りたい」「調べてみたい」を引き出すには、保育者によるオープンクエスチョンが効果的です（P.46 参照）。オープンクエスチョンで問いかけていくことで、子どもたちの対話を促し、探究の的になりうる「〜したい」という気持ちを引き出していきましょう。

【オープンクエスチョンの例】（再掲）
- どうしてだと思う？
- それはなぜだと思う？
- どうしてそう思ったの？
- どうなると思う？
- 〇〇したらどうなると思う？
- どうしたら分かると思う？
- どうしたらうまくいくと思う？
- 何があるとうまくいくと思う？
- ほかにどんなことができると思う？　あると思う？
- 誰なら知っていると思う？
- ほかにどんなところに行けると思う？

❸ 探究の的を絞り込む

　子どもたちとの対話を進めると、知りたい・明らかにしたいということがいくつか出てくると思います。このとき、すべてやってみようとするのではなく、保育者として、探究するとおもしろそうなものに目星をつけてみましょう。というのも、子どもたちから生まれてきた問いが、すべて深まりのある探究につながるとは限らないからです。そのため、子どもの学びや探究につながりそうな問いに目星をつけて、その方向に子どもたちをさりげなく導いていくのは、保育者の大切な役割です。

　目星をつける際は、以下の視点で整理してみてください。なお、前述の通り、問いを一つだけに絞り込む必要はありません。

- 子どもたちが本当に知りたがっている。
- 具体的に触れたり、いじくれたり、経験したりできそう。
- 子どもたちの試行錯誤につながりそう。
- 様々な発見につながりそう。
- 個人作業ではなく、協同的な関わりが必要となりそう。
- 保護者や地域に詳しい人がいそう。
- フィールドワークにもつながりそう。
- 保護者の協力を得られそう。

10　保護者に伝える

　プロジェクトのテーマやトピックが定まったら、園だよりやクラスだよりを通じて、保護者にも伝えていきましょう。そうすることで、そのトピックについて詳しい保護者の参加を期待することができるとともに、プロジェクトに必要な素材や道具の提供を保護者から受けることができるかもしれません。また、家庭の中での親子のコミュニケーションにもつながっていくことでしょう。

11　第1段階のまとめ

　これまで述べてきたように、子どもが興味・関心を持っているテーマやトピックについて対話し、探究の的を絞り込むのが第1段階となります。ここで出てきた問いに向かって探究していくのが第2段階になるため、第1段階において熱中・没頭につながるような探究の的を見つけられるかが、「つなげる保育」ではなく「つながる保育」になるための大切なポイントになります。

探究の的を引き出し、絞り込むためには、まずは保育者が計画ウェブマップを作成して子どもの言動を予想し、子どもの「なんだろう」を促すような問いや環境構成をイメージします。そして、子どもたちとの対話では、そのテーマについて子どもたちの今の理解や知識・経験を尋ねることから始め、確かめてみたいこと、やってみたいことを整理していきます。このとき、子どもと一緒にウェブマップをつくりながら進めることや、クローズドクエスチョンではなくオープンクエスチョンで尋ねていくことが効果的です。

　確かめたいことややってみたいことが出てきたら、実際にそれらをやってみるといった探究が始まります。保育者としては、その探究を支えたり、さらなる興味・関心が引き出され高まるよう、プロジェクトコーナーを設置しましょう。そこには、使い方が限定されないオープンエンドな素材や、テーマやトピックについて表すプロジェクトボードを設置し、子どもたちの疑問や発見を継ぎ足していきましょう。

　そうした探究的な活動を進める際は、夕方のサークルタイムなどで振り返りを行うことで、子どもたちが見つけた様々な発見や理解があぶり出され、それらを共有することができるでしょう。一方で、まだ分からないため、もっと知りたいと思う問いが生まれてきます。それこそが、子どもが熱中・没頭していく探究の的となっていくのです。

　なお、第1段階の一連のイメージと子どもの興味・関心の高まりのイメージを図5で表しています。

＜図5　第1段階での子どもの興味・関心のイメージ＞

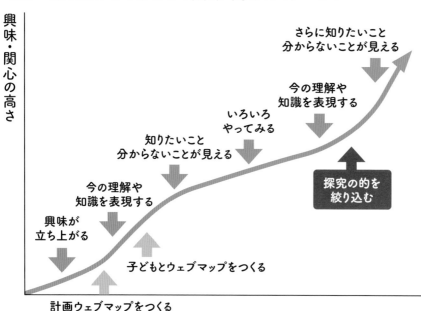

58

第 2 段階

プロジェクトの発展

探究の的に向けて探究する

子どもの視点

第1段階で生まれた「知りたい」「やってみたい」に向かって、探究する。

保育者の視点

保育者は、子どもがそのトピックについて調べたり、地域の詳しい人へインタビューしたり、園外探索、実験したりするなど、好奇心を満たすことができる環境・経験・活動をデザインする。

　具体的な探究が深まる第2段階では、子どもたちは、ものごとをじっくり見つめる観察者であり、調査者であり、思考者であり、協同者となります。つまり、豊かな探究者となるのです。そして自らが住む世界の知識や知恵、必要なスキルを獲得していきます。

1 探究するとは

　第2段階は、第1段階で子どもたちから出てきた、「知りたい」「やってみたい」「行ってみたい」「つくってみたい」といった探究の的に向けて、子どもがより深く探究する段階です。

　そのプロセスでは、子どもなりに調べたり、探したり、ホンモノに触れたり、表現してみたりと、子どもがモノやコトとのつながりを深めていきます。これらは順番に行われるのではなく、行ったり来たり、または同時に起きたりしますが、「なんだろう」「やってみたい」という子ども自身の内側から生まれる内発的動機が大切になります。そして保育者は、こうした子どもの行為につながるワクワクする環境をつくったり、さりげなく問いを投げかけたりして、活動をデザインしていくことが大切になります。

【探究的な行為の例】

- 探る（さぐる）

  ・探す（見つける）　・五感で感じる（触る、匂う、じっくり見る、聞く、味わう）　・調べる
  ・知る

- あらわす

  ・つくる　・描く　・身体で表す　・話す　・話をつくる

- 掘り下げる

  ・試す　・いじくる　・比べる　・測る

- 分かる

  ・振り返る　・結びつける　・理解する

2 探究方法を子どもに伝えていこう

　知りたい、やってみたいといった探究の的があっても、慣れないうちは子どもはどう探究したらよいか分からないこともあるでしょう。そこで、保育者は子どもに探究する方法を伝え、一緒に探究していきましょう。

❶ 新しく知った言葉を積極的に使う

　言葉を知るということは、子どもの世界の広がりを意味します。そして、新たに知った言葉を使うことで、自分たちが専門家になったように感じ、プロジェクトが深まります。新たに知った言葉を使うことを促したり、保育者が率先してそうした言葉を使っていきましょう。

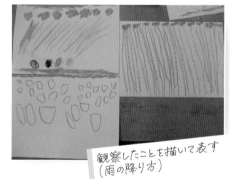

観察したことを描いて表す
（雨の降り方）

❷ 紙に描き残す

　観察したことや近づいてみて分かったことなどを描くことで、ものごとの特徴や細かなところに気づいたり、さらなる疑問が生まれてきたりします。気づきや発見を紙に描くことを促していきましょう。そして子どもが描いたものは、プロジェクトボードに貼りつけるなどして、見える化していきましょう。

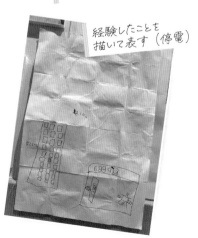

経験したことを
描いて表す（停電）

❸ 図鑑などの本から探してみる

図鑑で囲んで対話する

子どもは図鑑や絵本から、様々な情報や
イメージを得ることができます。誰かに教
えてもらうだけでなく、自ら調べる経験を積
み重ねていきましょう。そのためにも、保育
者はプロジェクトが始まったら、それに関す
る様々な本などを集めましょう。

❹ 計画を描き表す

何かをつくりたくなった子どもに対しては、設計図や完成予想図を描くように促してみま
しょう。これは、子どもたちが見通しを持つことにもつながります。そのようにして描いた設
計図等をイメージしながらつくってみると、予
想との違いや様々な難しさに気づき、より深い
振り返りにつながっていきます。

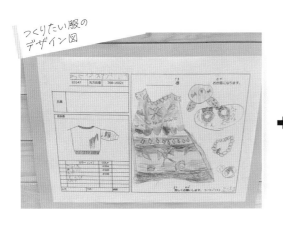

つくりたい服の
デザイン図

デザイン図に基づいて
つくった服

❺ 考えを言葉にしたり、計画を共有する

考えたことや計画したことを人に伝えたり、人の意見を聞いたりする経験を積み重ねましょ
う。他者の考えや計画を知ることで、子どもたちの考えがどんどんと深まっていきます。

それにはサークルタイムが有効です。どう思ったのか、どう考えたのかを子どもに尋ね、
発言を促しましょう。このとき、保育士が「Aさんは？」「Bさんは？」と次々に尋ねていく
だけでなく、「Aさんのアイデアについてどう思う？」など、保育者はファシリテーターとして、
子ども同士のアイデアを交流させましょう。

❻ 違う方法で表現する

同じものを表現する場合でも、違う方法で表現することが探究につながります。また、そ
れが可能になる場をデザインしてみましょう。例えば、

- 絵で描いたら、同じものを粘土や針金で立体的につくってみる。
- 正面から顔を描いていたら、横や後ろからの様子も描いてみる。
- 見たままの色で描いてみたら、現実にはない色でも描いてみる。
- 小さく描いていたら、大きな紙に描いてみる。
- 身体で表現してみる。

積む（段ボールで積む）

積む（積み木で積む）

身体で表現する

　正面から見て顔を描いているだけでは、耳がどこについているのか分かりません。しかし、横顔を描こうとしたり、粘土で顔をつくったりすることで、耳が顔面と後頭部の間にあることに気づくのです。このように一つのものでも違う方法で表現することで、分かったつもりでいたことに気づいたり、新たな発見があったり、対象物への理解が深まっていくのです。

❼ 一度ではなく何度もやってみる

　子どもが何かを描いたりつくったりしたとき、子どもも保育者も一度きりで満足してしまうことがあるのではないでしょうか。しかし、それらをよく見たり、振り返ったりして2回、3回と取り組むことで、新たな気づきや発見につながります。

　そうした気づき等につながるためには、描いたりつくったりしたものを囲んで対話してみましょう。そこでは、難しかったこと、工夫したこと、発見したこと、実物と比べてどこがどう違うか、次はどのようにしてみたいかなどを話し合います。そうすることで、友達の工夫を知ったり発見があったりして次への意欲につながり、「もっとこうしよう」「次はこんなふうにしたい」という思いが生まれてきます。そのようにして再度取り組んでみることで、新たな発見や気づきにつながっていくのです。

❽ うまくいかなくてもまたやってみる

　「試してみたい」「つくってみたい」という欲求から子どもが何かにチャレンジしたとしても、一度でうまくいくことのほうが珍しいでしょう。しかし、それは「失敗」ではなく「うまくいかなかった」ということであり、「じゃあどうすればいいか」を考えるきっかけになります。この「じゃあどうすればいいか」「次こそは」と考え行動していくことが、あきらめずにやり遂げるチカラにつながっていきます。保育者として、「どうすればできるかな？」「何があるとできると思う？」などと問いかけ、次への方策を一緒に考えたり、ヒントを伝えたりして、うまくいかなくてもまたやってみるという行動を支えていきましょう。

❾ グループでの探究活動を行う

　子どもたちの探究が始まったら、グループでの協同的な探究活動になるよう促していきましょう。一人ではできなかったり分からなかったりすることでも、チカラを合わせれば解決できる経験を積んだり、話し合ったり、助け合ったり、折り合いをつけたりすることで、コミュニケーション力を身につけていくことにもつながります。

　そのためにもサークルタイムでは、それぞれがどんなことをしているか発言を促したり、「○○さんがおもしろそうなことをやっていたよ」と紹介したりして、子どもの興味が集まりやすくしていきましょう

　子どもの探究が協同的な活動になることで、保育者自身が思ってもみないような展開に発展する場面に数多く出合うことでしょう。

話し合いながら地図をつくる

協力して道具をつくる
（雨の水を集める）

3 子どもたちの対話をデザインする

　これまで述べてきたような探究が生まれるには、子ども同士の対話が欠かせません。保育者として、子ども同士の対話をうまくデザインしていくことが求められますが、その鍵になるのはサークルタイムです。

　その方法については、第1段階で紹介した点と基本的には同様ですが、第2段階では子どもの探究がより深まっている状態ですので、日々の活動の振り返りがより重要になります。そして、子どもたちの創意工夫や試行錯誤を言葉として引き出せるよう心がけてください。そうすることで子どもたちは、経験したことの意味づけを行ったり、別の出来事と結びつけたりすることができます。また、友達が経験したことから学ぶこともできるでしょう。

　その際に大切になるのは、やはりオープンクエスチョンです。以下のようなオープンクエスチョンで、子どもたちの振り返りを深めていきましょう。

- どんなことをした？
- どんなことを発見した？　気づいた？
- どんなところを工夫した？
- どんなところが難しかった？
- 分からなかったのはどんなところ？
- どうしたらうまくいくと思う？
- 何があったらうまくいくと思う？
- 誰に聞いたら分かると思う？
- どこにいけば分かると思う？
- 次にやってみたいことはどんなこと？
- やろうと思っていることは？

　そして、このような対話から出てきた発言をウェブマップに追加したり、キーワードをカードに書いて掲示したりすると、次々と問いや発言が生まれるのに役立つでしょう。また、子どもたちがさらに何を知りたがっているか、誰がどんなことを求めているか、どんな探究が始まっているかなどを記録していきましょう。

　なお、クラスの子ども全員を対話に参加させようとすると無理が生じることもあります。しかし、子どもは、サークルタイムに加わっていなくとも耳を傾けていたり、後からプロジェクトボードを見て興味・関心を持続させていたりします。保育者としては、子どもが参加したくなるようなサークルタイムを心がけるとともに、「参加しない」という選択肢も認めつつ、参加しなかった子どもに対しては後からどんな話をしたか個別に伝えましょう。

4 探究が深まる環境をつくろう

　保育環境を整えることは、保育者にとって最も強力な指導法の一つです。第1段階から環境づくりは始まっていますが、第2段階ではさらに探究が深まる保育環境を目指していきましょう。ここでの環境づくりが、子どもの探究の深まり・広がりに大きく影響します。

❶ 子どもの探究を見える化しよう

　子どもたちは探究のプロセスにおいて、様々なものに出合ったり、発見したり、試行錯誤していきます。保育者は、第1段階でつくったプロジェクトコーナーを中心に、子どもたちの探究の足跡を見える化していきましょう。

　具体的には、以下の方法が考えられます。

関連する写真を貼る

- 子どもが新たに知った言葉を書き込む。
- 子どもが発見したものの写真を貼ったり、イラストを描き込む。
- 子どもがつくったり描いたりしたものを展示する。
- 子どものつぶやきや会話を書き込む。
- 新たに生まれてきた疑問を書き込む。
- 子どもが探究している姿の写真を貼る。
- 子どもと周囲の人（地域の人や保護者など）との手紙を貼る。
- ドキュメンテーションを貼る。
- 子どもが家から持ってきたものを展示する。
- テーマ・トピックに関する資料を配置する（図鑑、絵本、新聞記事、雑誌など）。

経験した出来事の写真を貼る

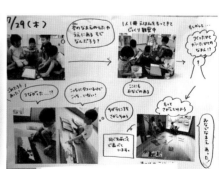

ドキュメンテーションを貼る

　このようにして見える化されたプロジェクトコーナーは、テーマやトピックに関する発見・気づきなど、学びの軌跡が分かり、興味・関心のうねりを感じる場所になっていきます。

❷ 探究を深める素材・道具を用意しよう

　子どもがより探究していくには、それを支える素材や道具が必要になってきます。言い換えれば、どのような素材や道具があるかによって、子どもの探究具合に影響を及ぼすということです。

　以下のようなものを用意することで、子どもの探究を支えていきましょう。

（ア）テーマやトピックに関連したホンモノ（素材や道具）

　ホンモノは子どもたちの興味・関心を高めます。安全であるかを確認したうえで、保育室に持ち込めるようなホンモノがあれば、それを子どもたちと共有してみましょう。

（イ）参照できるもの（図鑑、絵本、新聞記事、雑誌など）

　子どもたちが今持っている知識だけで探究するのは難しい面がありますが、図鑑や絵本などを参照して、新しい知識や知恵を得ながら進めていくことができます。また、調べたり参照したりするという行動を身につけることにもつながります。

　最近では、子どもが使えるタブレットを用意して、子どもがタブレットを使って調べたいことに向き合う園も増えています。今後の幼児教育の方向性を見据えると、幼児教育の場でも子どもがICTを活用できる環境づくりが重要になってくるでしょう。

（ウ）調べたり測ったりするもの

　興味・関心のある対象について、子ども自身が調べたり測ったりするところからも、気づきや発見が生まれます。そのため、保育室にはそうした行為を支える道具が必要になります。

　このような道具があることで、子どもは数や長さ、重さに興味を持ち、知識及び技能の基礎を育むことにつながります。保育室に調べたり測ったりするものがあるか、改めて見直してみましょう。

- 詳しく見るもの（虫眼鏡、マイクロスコープ、双眼鏡など）
- 長さを測るもの（定規、巻き尺など）
- 重さを量るもの（はかり、キッチンスケールなど）
- 音を聴くもの（聴診器など）

（エ）記録できるもの（カメラ、メモ、バインダー等）

　保育室には、紙や鉛筆、クレヨンといった描くためのものがありますが、それらを用意するだけでなく、子どもが自由に使え、外に持ち出せるなど、子ども自身で記録しやすい環境づくりが必要です。

テーマに関するホンモノに触れる

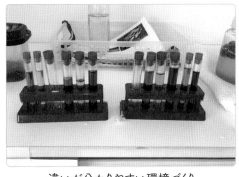

違いが分かりやすい環境づくり

比べたり気づきにつながる環境づくり

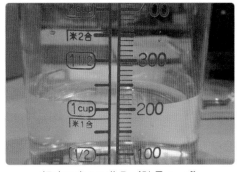

探究を支える道具（計量カップ）

様々な種類の図鑑

探究を支える道具（拡大レンズ）

❸ 子どもの行為の幅を広げよう

　一口に探究と言っても様々な姿があります。じっと見つめるだけでなく、触る、においを嗅ぐ、叩いてみるなど、様々です。

　また、描くという行為でも、見る角度を変えて描くことで違いに気づくはずです。さらには、絵で描いた後に粘土等で立体的につくってみることで、絵で表そうとしたときには気づかなかった点を発見し、対象物に対しての理解がより深まるでしょう。保育者としては、そういった行為の幅を知っておくことで、子どもに次なる探究方法を提案し、それができる環境づくりが可能になります。幾通りもの方法でアプローチできるよう、子どもの活動を支えることで子どもの探究は深まっていくのです。

＜表3　様々なアプローチ方法＞

感じる	変化を見る	表す
触れる	混ぜる	書く
嗅ぐ	つぶす	描く
聞く	浸す	塗る
持つ	乾かす	つくる
見る	折る	身体で表す
重さを感じる	切る	写真を撮る
大きさを感じる	分解する	スケッチする
長さを感じる	動かす	物語をつくる
実物を見る		歌う
		踊る

整理する	探す	分かる
集める	眺める	はかる
並べる	探し出す	比べる
分ける	探し回る	話を聴く
選ぶ	突き止める	インタビューする
組み合わせる	選ぶ	つなげる

光を感じる

身体で表現する

見立ててつくる

塗る

写真を撮る

模型をつくる（写真：川）

風を感じる

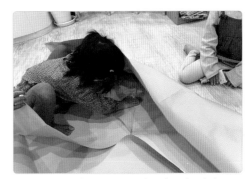

サイズを変えてつくる（写真：折り紙）

変化に気づく

組み合わせる（積み木と箱）

❹ 保育室を柔軟に構成しよう

　プロジェクトが進んでくると、いつもあるコーナーでの遊びよりも、プロジェクトに関する活動に時間を費やす姿が増えてくることでしょう。また、プロジェクトに関するものが増え、飾っておきたいものも多くなってきます。

　そのようなときは、すでにあるコーナー（積み木コーナー、ままごとコーナー、絵本コーナーなど）を少しずつ狭くして、プロジェクトに関する活動ができるスペースを設けたり、プロジェクトボードを大きくしたりするなど、保育室を柔軟に構成していきましょう。

5　ゲストを呼ぼう

　子どもたちだけでも豊かな探究活動となりますが、自分たちが持っていない情報やモノをもたらすゲストの存在は、新たな気づき、疑問、転換点を生み出し、つながる保育を大いに盛り上げます。

　しかし、ただ単にゲストを呼べばいいというわけではありません。というのも、何の配慮もなく招待すると、ただのイベント型保育になってしまいますし、保育者に代わって別の大人が一方的に教えているだけということになりかねません。そのため、次のような点に注意してゲストの招待を考えてみましょう。

❶ ゲストとは

　子どもたちの探究を深めるために、そのテーマやトピックに詳しいゲストを呼んでみましょう。プロジェクトに第三者が加わることで、子どもたちの意欲を喚起し、子どもたちのプロジェクトに広がりや深まりが生まれます。

　なお、ゲストには、実際に園に訪問できる人だけでなく、オンラインのテレビ会議でコミュニケーションできる人も含まれます。また、子どもたちが手紙を書いたり、電話をしたりということも考えられるため、世界中の人たちがゲストになり得るということです。また、園への来訪が難しい場合は、保育者が訪ねてインタビューしてくる、という対応もできます。

栄養士に話を聞く

オンラインでつながる

【ゲストの例】

- トピックに関することを職業にしている人（○○屋さん、取引業者さん）
- トピックについて物知りな人（地域で○○博士と言われるような人）
- 保護者（保護者でトピックに関連する職業についている人）
- 園長先生、調理室の職員、看護師
- 保育者の家族（保育者の家族でトピックについて詳しい人）
- 卒園児
- 年長児　など

❷ ゲストを決める

　子どもたちの探究活動が盛り上がるゲストは、どのように決めたらよいのでしょうか。

　まず、保育者としては、第1段階の計画ウェブマップをつくる段階（P.32参照）で、そのテーマやトピックについて詳しい人の目星を立てることで、ある程度のイメージを持つことができます。しかし、第2段階で実際にゲストを呼ぶ際は、保育者だけで決めず、子どもとともに話し合って決めることをお勧めします。なぜなら、保育者の予想と実際の子どもの姿にはズレが生じているでしょうし、「誰の話を聞いてみたいか？」というのは子どもたちからのアイデアであることが望ましいからです。これはまさに「参加」から「参画」へのデザインです（P.17参照）。

　そこで、サークルタイム等で、「誰なら詳しいと思う？」「誰に尋ねたら分かると思う？」「その人にどんなことを聞いてみたい？」など子どもたちと一緒に考えて、構想してみましょう。

❸ ゲストに依頼する

　招待したいゲストが明らかになったら、次はゲストと連絡を取り、協力を依頼してみましょう。引き受けてもらえることになったら、あらかじめ保育に関する情報を伝えることが大切です。なぜなら、ゲストの多くは保育の専門家ではありませんので、幼児期の子どもの特徴や、幼児に伝わりやすい話し方などを理解しているわけではありません。そのため、子どもにとって背伸びした内容になったり、知りたいことから外れた話になったりして、一方的に知識を伝える場になりかねません。

　そこで、あらかじめ以下のような情報を伝えておくことで、子どもたちの知りたいことや理解度に合わせた場にできるだけでなく、ゲストの方も安心して来訪することができます。

【あらかじめゲストに伝えておくべき情報】

- プロジェクトが立ち上がった背景やこれまでの流れ
- 子どもたちが聞きたいこと
- その日の活動時間の長さ
- 子どもたちの年齢と人数
- 子どもたちが理解できる言葉の難易度

（子どもと接することが少ないゲストの場合、難しすぎる話にならないよう）
- 子どもたちに伝わりやすい話し方のコツ

（実物を見せる、ゆっくり話す、一文を短く話す、など）

❹ ゲストを招く

ゲストを招待できることになったら、子どもたちにも伝えましょう。そうすることで、子どもたちはゲストの来園を期待するようになります。また、子どもたちからゲストに手紙や招待状を書くといったことも、ゲストの来訪日に向けた興味・関心の高まりにつながります。

招待にあたっては、以下のような準備を進めましょう。

手紙を出す

- 子どもたちにゲストの訪問日を明確に伝える。
- ゲストに尋ねたいことをディスカッションする。
- ゲストに尋ねたいことを、紙やカードに書いて、プロジェクトボードに掲示しておく（その質問を出した子どもの名前も書いておくと、ゲストが来園した際、子どもがスムーズに質問しやすくなります）。
- ゲストをどのように迎えたいかディスカッションして、準備する。

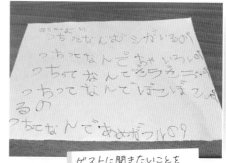

ゲストに聞きたいことを
整理しておく

ゲスト招待の当日は、保育者が話しすぎたり、説明しすぎたりしてしまうかもしれませんが、子どもとゲストがコミュニケーションを取れるようファシリテートすることを心がけましょう。

具体的には、招待日の朝にどんなことを尋ねたいか子どもたちに再確認するとよいでしょう。また、ゲストとの関わりの中でも、子どもにオープンクエスチョンで尋ねることで、子どもからの意見や疑問を引き出します。さらに、誰が何を知りたがっていたかを整理しておくことで、その子どもに質問を促すこともできます。文字を読めるようであれば、子ども自身が尋ねたいことをメモに書いて持っておくこともできます。

また、ゲストとのやりとりの様子を、写真や動画で撮影しておくと、その後の振り返りに役立てることができるでしょう。

❺ ゲストを招待した後の振り返り

　ゲストを招待したら、子どもの記憶が新しいうちに振り返ることが大切です。この振り返りが、子どもの理解やさらなる対話につながっていくからです。そのため、当日か翌日にはサークルタイムで振り返りの場を設けるようにしましょう。振り返りに際しては、次のようなことを意識してみてください。

- ゲストの写真や話してもらっている様子を撮った写真を示し、子どもたちの記憶を喚起する。
- どんな話を聞いたか振り返る。
- ゲスト招待当日の写真や動画を子どもたちと一緒に見直す。
- ゲストの話を聞いたことで、どの疑問が明らかになり、どれがまだ明らかになっていないかを整理する。
- ゲストの話を聞いて、どのような疑問が新たに生まれたのか話し合う。

6　フィールドワークに出かけよう

　ここでのフィールドワークとは、子どもたちが保育室から飛び出して探究活動を進めることを指します。これも第2段階の醍醐味の一つと言えるでしょう。

　というのも、子どもたちが探究する場所は、保育室の中だけではありません。外に出かけていくからこその発見や学びもたくさんあり、子どもの探究を深めていきます。

　保育者として、子どもが実物を見たり、触れたり、質問やインタビューができたりと、様々に実体験できるフィールドワークをデザインしていきましょう。

　フィールドワークもゲスト招待と同様、準備や配慮なく行ってしまうとただのイベント型保育になってしまいますので、以下の点に注意して進めていきましょう。

❶ フィールドワークとは

　フィールドワークは、基本的には園外で探索活動をすることが多いですが、園外に限らず、普段行くことの少ない園舎の中や園庭などでも行うことができます。こういった場所に出かけていって、ホンモノを見たり、探したり、スケッチしたり、写真に撮ったりインタビューしたりするといった探究的な活動を進めることで、子どもたちの興味・関心は高まります。そして、様々な気づきや発見につながります。

まち探検に出かける

【フィールドワーク先の例】

- 隣のクラス
- 園舎
- 園庭
- 近所の公園
- 地域のお店や工場（花屋、パン屋、クルマ屋、ごみ処理場、工場など）
- 地域の公共施設（図書館、郵便局、役所、消防署など）
- 様々な施設（老人ホーム、小学校、動物園、水族館）
- まち（公共交通機関に乗る、標識を見つけに行く、など）
- オンライン

公園に出かける

園庭で普段しない活動をする

❷ フィールドワーク先を決める

　探究を深めるフィールドワーク先については、第1段階の計画ウェブマップをつくる段階（P.32 参照）で、そのテーマやトピックに関連する場所をある程度洗い出していることと思います。しかし、招待するゲストを決める場合と同様に、保育者だけで決めるのではなく、子どもたちと話し合いながらフィールドワーク先を決めていきましょう。

【フィールドワーク先を決めるにあたっての問いかけ例】

- どこに行けば自分たちが知りたいことが分かるか。
- どこに行けば自分たちが探しているものがあるか。
- どこに行けば詳しい人がいるか。
- それらのうち、どこなら自分たちでも行けるか。

❸ フィールドワークに出かける際に気をつけること

フィールドワークに出かける際は、以下の点に注意し、準備をしておきましょう。

- 保育者が下見に行って、危険な箇所・モノの有無や、危険な行動につながらないか、あらかじめチェックし予防策を立てる。
- 下見の際は、子どもが何を発見できるか、発見しそうか、あらかじめ予想を立てる。
- どのような道具や準備があれば、それらの発見を支えるか見通す。

■ フィールドワークに出かける前に、子どもたちと話し合い、何を知りたいか、発見したいかなどを整理しておく。

また、フィールドワーク先にゲストがいる場合は、以下の点を意識するとともに、ゲストに対しては、前掲の「ゲストに依頼する」（P.71 参照）の項目について伝えておきましょう。

■ フィールドワークに出かける前に、子どもたちとゲストに何を尋ねたいか話し合う。
■ ゲストに尋ねたいことなどをカードに書いて、それを子どもが持つようにする。そうすることで、フィールドワーク先のゲストにスムーズに質問することにつながる。

④ バインダーをうまく活用しよう

フィールドワークでは、子ども自身の主体的な探究を深めるため、バインダーをうまく活用してみましょう。バインダーは、大きすぎず重すぎないので持ち運ぶことができ、興味・関心のある場所に移動してスケッチしたり、気になる言葉を書き留めたりすることができます。また、紙が固定されるため、風に飛ばされたりズレたりすることなく、書くことに専念できます。

このようにバインダーを活用することで、それまで気づかなかったことに気づけたり、記憶やイメージだけに頼らない振り返りにつながったりして、子どもたちのフィールドワークを深めていくことでしょう。

ただ、バインダーをうまく活用できるようになるには、ある程度の慣れが必要となるため、以下のような工夫を行って、普段からバインダーの活用に慣れておくとよいでしょう。

バインダーを活用する

【バインダーの導入例】

- 人数分のバインダーと鉛筆、「スケッチマット」（一人が座れるほどのスペースがある布等）を用意する。※年齢が低い子、小さなグループサイズが適しています。
- 紙の留め方、紙の交換の仕方、書き方、バインダーの使い方を説明する。
- バインダーがあるとどんなことができるか、子どもたちと話し合う。
- 注意点としてどんなことが考えられるかについても話し合う（鉛筆の取扱いなど）。
- 一人ひとりが、バインダーと鉛筆、スケッチマットを持って、自分が気になる場所、描いてみたい場所へ移動し、自由にスケッチするよう伝える。
- 子どもたちはそこで思い思いにスケッチする。
- ある程度の時間になったら、再び集まる。
- 一人ひとりが、自分はどこで何を描いたか、クリップボードに描いた絵を示しながらプレゼンテーションを行う。
- それぞれの子どもに対して、子どもや保育者から質問をし、プレゼンテーションを深める。
- バインダーを使うことでどんな気づきがあったか振り返る。

❺ フィールドワークに行った後の振り返り

フィールドワークに出かけたら、子どものワクワク感がまだ残っているうちに振り返ることが大切です。そのため、フィールドワーク当日か翌日にはサークルタイムで振り返りの場を設けましょう。そして、振り返りに際しては次のことを意識してみてください。

- フィールドワーク先で撮った写真や動画を見せ、子どもの記憶を喚起する。
- どんなことを行ったか振り返る。
- フィールドワーク先で撮った写真をランダムに示し、見聞きした出来事順に子どもに並べてもらう（経験を整理し、記憶がよみがえってくる）。
- フィールドワーク先で集めたり、描いたりしたものを見せ合う。
- どんな発見や気づきがあったかを振り返る。
- フィールドワークに行く前に挙げていた疑問・質問を子どもたちと一緒に見直す。
- フィールドワークに行ったことで、どの疑問が明らかになり、どれがまだ明らかになっていないか、子どもたちと一緒に整理する。
- フィールドワークに行って、どのような疑問が新たに生まれたのか話し合う。

7 プロジェクトを振り返る場を設けよう

つながる保育を進めるためには、子どもたちとの振り返りの時間がとても大切になります。とりわけ、探究の的に向かって探究活動を行う第2段階では、子どもたちの様々な気づきや発見を丁寧に振り返り、友達同士で共有することが鍵になります。

そのため、保育者は定期的に子どもたちをプロジェクトボードの周りに集め、プロジェクトを確認したり振り返ったりする場を設けましょう。それにより、気づきや発見の共有だけでなく、見過ごしていたことに気づき、理解しているようで理解してなかった子どものサポートもできます。また、新たな疑問が生まれ、何かをつくって表してみたくなる子も出てきます。このように継続的に取り組むことで、子どもたちが「自分たちのプロジェクト」と感じるようになっていくことでしょう。

なお、プロジェクトの進行中に、子どもの興味・関心が薄れてしまう場面や、園行事や季節事でプロジェクトが途切れることもあるでしょう。そうしたときには、プロジェクトボードの周りで改めてこれまでを振り返ることで、子どもの興味・関心が再燃しやすくなります。

具体的には、以下の視点で振り返りの場を設けてみましょう。

- 子どもをプロジェクトボードの周りに集める（あるいは、プロジェクトボードを子どもたちのほうに移動させる）。
- ウェブマップやプロジェクトボードを見ながら、これまでの流れをおさらいする。
- その日にあった出来事、発見、気づき、工夫などを尋ねる。
- ウェブマップやプロジェクトボードにつけ加えたい言葉や写真などがないか尋ねる。
- 出てきた言葉などをウェブマップに書き足したり、説明したりする。

■ 次の展開として何がしたいか尋ねる。

　・どんなことをしたいか

　・どんなことを知りたいか

　・どんなことを調べたり、試したいか

　・どんなものをつくってみたいか

　・どんなもので表現したいか

8 第2段階のまとめ

　これまで述べてきたように、第1段階で整理された探究の的に向かって探究していくのが第2段階です。つながる保育の展開の中で、子どもが最もワクワクドキドキしながら探究していくのがこの段階と言えるでしょう。

　子どもたちは、第1段階で生まれた「知りたい」「やってみたい」に向かって、様々なものをつくったり、試したり、表現したりします。また、自分たちで探究するだけでなく、園にゲストを呼んで話を聴いたり、園を飛び出してフィールドワークに行くこともできます。自分たちや担任の保育者以外の第3者の存在は、子どもたちの世界や発見を広げ、つながる保育にワクワクと楽しさをもたらすことでしょう。ただし、単にゲストを呼んだり、フィールドワークに行くことが目的となってしまうと、イベント的な保育になりかねないため、保育者の丁寧な準備やゲスト等との調整が不可欠となります。

　また、第2段階での子どもの探究を支えるためには、保育環境や保育者の関わりが重要です。保育環境としては、子どもが試行錯誤したり表現したりするための道具や素材が用意されていることや、それらを子どもの意思で使えることが大切です。大人に毎回許可を得なければ使えないという環境では、子どもの創作意欲は湧きたちません。また、プロジェクトコーナーを豊かにしていき、プロジェクトボードが子どもたちの活動の展開に合わせて更新されていくことが大切です。

　保育者の関わりという視点では、子どもが様々な方法で探究できるようヒントを出したり環境を構成したりしていきましょう。そのためにも保育者は、様々な表現方法を理解しておくとよりよい実践につながります。また、第2段階では、子ども同士の対話を促すような保育者の関わりや、そういった場でのオープンクエスチョンが大切になります。サークルタイムをうまく活用し、子どもの探究を引き出していきましょう。

　このように見てみると、第2段階での子どもの探究が深まるには、やはり第1段階で「知りたい」「やってみたい」という明確な探究の的が子どもたちの中に生まれることが大切になります。なぜなら、それらが第2段階での探究の原動力になるからです。そしてその原動力を維持し加速させるのが、保育環境や保育者の関わり、そして保育のデザインと言えるでしょう。

　第1段階で生まれた探究の的が第2段階で明らかになったとき、つながる保育は第3段階へと移ります。この第3段階は、子どもたちがこれまでの学びのプロセスを振り返り表現していく段階です。

プロジェクトの締めくくり

探究を振り返り表現する

子どもの視点	保育者の視点
プロジェクトを通して子どもが学んだり経験したりしたことを表現する。	保育者は、子どもたちがプロジェクトを通して学んだことや経験したことを振り返ったり、共有したり、表現・発表したりする機会を設ける。

　第1段階では、子どもが興味・関心のあるテーマから「知りたい」「やってみたい」という探究の的を見つけ、第2段階ではそれに向かって探究をしてきました。それらに対して子どもたちなりの答えが見つかったり、やりたいことが達成できたら、次はいよいよ第3段階です。

　第3段階では、プロジェクトの集大成として、子どもたちが知ったり、発見したりして、理解したことを振り返るとともに、それらを自分（自分たち）以外の誰かに伝えていきます。伝えるためには、言葉で表現したり、モノで表現したりする必要があるため、第3段階では表現方法を探究するということも含まれます。

つくった自画像や
表現物を展示

しかし、表現することだけを目的にしてしまうと、保育者として見栄えや出来栄えを求めてしまいます。そのため、表現に向けたプロセスそのものを探究と位置づけるとともに、振り返ることを大事にしていきましょう。そして、「誰にどのように伝えたいか」ということを子どもたちとともに考えていきましょう。

歯に興味を持ち、
歯をつくり発表

なお、自分（自分たち）以外の誰かに伝えるとは、ほかのクラスの子どもたちであったり、園の中の保育者、保護者、地域の人など様々です。プロジェクトに慣れないうちは、自分のクラスの中で共有するところから始めてもよいでしょう。

このように、子どもたち自身がプロジェクトの軌跡を振り返り、誰かに伝えようとすることで、自分たちの学びや探究を自覚化します。こうしたプロセスは、探究者である子どもにとって喜びでもあり、小学校以降の学びに向かうチカラとなっていくことでしょう。

なお、Project Approach（プロジェクトアプローチ）では、この第3段階のことを "Celebration"（お祝い）とも呼んでいます。つまり、子どもたちが自分たちの学びを振り返り、表現していくことは、まさに子どもたちにとっての「お祝い」なのです。

1 第3段階を始める時期を見極めよう

前述のように、第1段階で生まれた「知りたい」「やってみたい」という探究の的の答えが明らかになったら第3段階に移行するわけですが、保育者が一方的に締めくくりに持っていくことに戸惑いもあるのではないでしょうか。一方で、いつまでも続けていると、クラスの中で興味を持たない子も出てきてしまい、次の展開を見通しづらくなるのも事実です。

そこで、第3段階への移行は、第2段階の最中に以下のような状況になったとき検討していきましょう。

- 第1段階で生まれた探究の的の答えがほぼ明らかになってきたとき。
- 子どもたちの「もっとやりたい」「もっと続けたい」という思いが落ち着いてきたとき（取り組む子どもの人数や時間、交わされる会話の内容や頻度から判断）。
- フィールドワーク先や招待するゲスト、おもしろい資料などのアイデアがなくなり、探究的な活動を期待しづらくなったとき。
- 子どもが別のテーマに関心を持ち始め、別のプロジェクトが生まれようとしているとき。
- 予定されている園行事を考えると区切りがよい（園には運動会や発表会のほか、季節の行事など様々な行事があります。それらは園生活の節目にもなるので、行事との兼ね合いを見ながら判断）。

保育は教育活動でもあることから、最終的にテーマやトピックを決めるのは保育者の責任と述べましたが（P.31 参照）、プロジェクトを締めくくるのも保育者の責任と言えます。なぜならば、子どもの興味・関心が失われつつある中でプロジェクトを無理に継続していったとしても、子どもの発見や学びにはつながりにくいからです。教育的活動としての保育である以上、保育者が学びにつながる活動として保育をデザインしていく必要があります。そのため、プロジェクトを終える判断も保育者の大切な役割の一つと言えるでしょう。

　なお、プロジェクトとして一定の終わりを迎えたとしても、子どもたちの中には生き続け、再燃したり復活したりすることも多くあります。「プロジェクトはこれでおしまい！」という形ではなく、緩やかな視点・態度で関わっていくとよいでしょう。

2 プロジェクトを振り返ろう

　第3段階では、子どもたちがプロジェクトを振り返るところから始まります。この振り返りを通して、自分たちの学びを自覚化することができます。また、自分や自分たちの成し遂げたことや成長を実感し、自信にもつながっていきます。

　そのため、まずはしっかりと自分たちの軌跡を振り返ることが大切になります。

❶ プロジェクトを振り返るための工夫

　保育者は、子どもたちが学びを振り返りやすいよう工夫していきましょう。例えば、以下のようなものを改めて子どもたちと一緒に見ることで、対話を引き出し、振り返りを促すことができます。

- ■ これまでに使ったモノ
  - ・プロジェクトのきっかけになったモノ
  - ・子どもたちに見せた「ホンモノ」
  - ・子どもたちが使った道具
- ■ これまでに撮った写真や動画
  - ・子どもの姿
  - ・行った場所
  - ・出会った人など
- ■ これまでに子どもたちがこれまでにつくったモノ
  - ・絵や立体物
  - ・手紙
- ■ 子どもと書いたウェブマップ
- ■ これまでにつくったドキュメンテーション

❷プロジェクトを振り返るための効果的な問いかけ

　振り返りの際も、第1段階や第2段階と同じくオープンクエスチョンで尋ねていくと、子どもたちの振り返りを促すことができます。具体的には、以下のような問いによって子どもたちは軌跡を振り返ることができるでしょう。

- 最初は、どんなことが分からなかった？
- 最初は、どんなことを知りたかった？
- どんな方法で調べた？
- 今まで、どんなことが分かった？　どんな発見があった？
- 誰とどんな話をした？
- どんなところに行った？
- どんなものを使った？　どんなものを使えるようになった？
- どんなことができるようになった？
- 自分たちはどんな成長をした？

3　自分たちの学びをどう表現するか考えよう

　第3段階は、発見や気づき、学びを他者に表現する段階ですので、それらをどのように表現するかが重要です。そして、誰にどのように表現するかを、保育者が一方的に決めてしまうのではなく、子どもたち自身が決めていくことが大切になります。ここでも「参加」から「参画」への保育のデザインが大切になるわけです（P.17 参照）。

　そこで保育者は、自分たちが発見したことや探究したことを誰にどのように表現したいか、子どもたちの対話を促していきましょう。

❶学びの表現とは

　学びの表現方法は、プロジェクトに応じて様々なものが想定されますが、園内の人を対象にすることもできれば、園外の人を対象にすることもできます。表現の例として、次のようなものが挙げられます。なお、表現の場に保護者に参加してもらうことは、園での生活や学びへの理解・共感にもつながっていくでしょう。

- ほかのクラスの子どもたちを招いて、つくったものや分かったことをプレゼンテーションする。
- 園内の保育者を招いてプレゼンテーションする。
- フィールドワーク先を再訪し、スタッフの方々にプレゼンテーションする。
- ゲストに再び来訪いただき、プレゼンテーションする。
- 保護者にプレゼンテーションする。
  - 保護者を招いて
  - 参観日で
  - 生活発表会等の行事の場で

- 自分たちで新聞をつくって、地域に配る。
- 地域の新聞社に取材に来てもらう。

❷ 表現方法を決める

　ここで大切なのは発表や表現することを目的とせず、それらを通じて子どもたちがプロジェクトを振り返り、学びを深めることです。そのため、遊びや学びの軌跡を振り返る中で、どんなふうに表現したいのか、子どもたちと対話していきましょう。無理に何かをさせるのではなく、子どもの意思を尊重するとともに、意見が出やすい問いを心がけましょう。また、生活発表会などを間近に控えている場合は、表現する場としてぴったりかもしれません。

　生活発表会でよくある例として、保育者がテーマや内容を決め、子どもがそれに向かって練習するというものがあります。さらに、そこでの衣装や道具、セリフも保育者が決めたりつくったりするケースも見受けられます。このようなスタイルでは、子どもが「させられている」という姿になりがちですが、つながる保育では、このような表現・発表の場を子どもたち自身がアイデアを出し、決めていくことを大切にします。

　そのためには、以下のようなオープンクエスチョンで子どものイメージを広げていきましょう。また、それぞれの問いに子どもが返答してきたとき、「それはなぜ？」とさらに掘り下げることで、「○○だったから、こうしたい」などと、さらなる振り返りにつながります。

- みんなが調べたことを、誰に分かってもらいたい？
- どうしたらみんなが調べたことを分かってもらえるかな？
- どんなふうに表現したい？
- どんなものを見てもらいたい？
- どこで表現（発表）したい？
- どんな役割分担がいい？

なお、子どもたちの表現方法としては、以下が考えられます。

- 生活発表会で保護者に対して自分たちの学びをプレゼンテーションする。
- 保育室内すべてをプロジェクトコーナーにして、園内の人たちを招待する。
- ほかのクラスに出向いたり、自分たちの保育室に招いたりして、学びのプレゼンテーションを行う。
- 自分たちの学びを物語にして、演劇や紙芝居等で発表する。
- ゲストを招待したり、ゲストのところを尋ねたりして、自分たちの学びを発表する。

　これらはあくまでも例であり、子どもたちとの対話を進める中で、子どもたち自身がワクワクするような表現の場をつくり上げていきましょう。

❸ 表現を深める

　表現したい相手や方法がある程度定まったら、それに向けて具体的に取り組んでいくことになります。これらが保育者によって一方的に決められたものでないからこそ、子どもたちは主体的に取り組んでいくことでしょう。

　このとき、表現方法を深めることで子どもたちの意欲はさらに喚起されます。ここで大切になるのも、やはり対話とオープンクエスチョンであり、以下のようなものが考えられます。

- （みんなで）どんなものをつくってみたい？
- どうやったらそれをつくれる？（表すことができる？）
- それらをつくるには、どんな道具や素材が必要？
- それらの道具や素材はどうしたら手に入る？
- それらの道具や素材のことは誰に聞いたら分かるかな？

　こうした対話によって子どもたちは表現したいものが明確になり、具体的にモノをつくったり言葉を整理したりして進んでいくことになります。また、新たなフィールドワークやゲスト招待にもつながるかもしれません。

　つまり、この表現を深めるという行為も探究のプロセスなのです。そのため、これまで述べてきたようなサークルタイムにおける対話が重要になりますし、表現するためのオープンエンドの素材やプロジェクトコーナーといった環境構成が大切になってくるのです。

自分の手を触って確かめながら
粘土でつくった手の骨

力を合わせて
大きなものに色を塗る

❹ 表現の場を工夫する

　第3段階での表現の場づくりも、子どもたちにとってはワクワクする探究となります。というのも、自分たちの発見や学びを誰かに伝えるというのは、子どもたちにとって大きな喜びの一つだからです。そのため、どのような表現の場にしたいか子どもたちと対話し、深めていきましょう。

　以下のようなオープンクエスチョンを投げかけることで、子どもたちの表現の場のイメージが膨らみ、「やってみたい」「こんなふうにしたい」という意欲が湧いてくることでしょう。そして、それらを具体的にやってみること自体が探究となっていきます。

- 見に来てもらう人をどうやって招待したい？
  - 考えた招待方法を自分たちでチャレンジしてみる（招待状の作成、招待状を届ける、電話するなど）。
- その日、この部屋（保育室）をどんなふうにしたい？
  - プロジェクトの内容にふさわしい環境づくり。
- みんながつくったものは、どうやったら見やすくなるかな？
  - 展示方法について考える。
- その日、自分たちの服装ってどんなのがいいかな？
  - プロジェクトの内容にふさわしい服装を考えたりつくったりする。
- ○○さん（ゲスト）をどうやって迎え入れる？
- ○○さん（ゲスト）に何かプレゼントができないかな？

園内全体を振り返りの場にして楽しむ

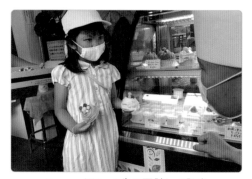

フィールドワーク先を再訪して発表

❺保育者としての準備

　子どもの学びの表現に向けて、子ども同士の振り返りや伝えたい意欲が高まるよう、保育者としても様々な環境づくりを行っていきましょう。例えば、ウェブマップやプロジェクトボードなどを見やすく整理したり、見やすい場所に飾ったりして、プロジェクトに関連する掲示などを工夫していきます。具体的には、以下のようなものが考えられます。

- ドキュメンテーションを作成する。
- ウェブマップを整理する。
- プロジェクトボードを整理する。
- ターニングポイントとなったときの写真を飾る。
- 実物を飾る。
- 保護者や同僚にある程度の事前情報を渡したり、協力を求める。

保護者も触れられるように

プロセスを文字や
写真でまとめる

集大成としての作品づくり

4 第3段階のまとめ

　これまで述べてきたように、第3段階は、第1段階や第2段階での探究のプロセスを振り返り、自分（自分たち）以外の他者に向かって表現する段階です。

　ここでの表現そのものが子どもたちにとっての探究ですので、子どもたちとの対話の場を十分に持ってそれまでの軌跡を振り返るとともに、誰にどのように伝えたいのかの対話を進めていきましょう。

　そして、表現したり発表することを目的とせず、プロセスを大切にします。あくまでも主役は子どもたちであり、誰に何をどんなふうに伝えたいのかという子どもの思いを尊重していきましょう。保育者としては、子どもの思いや表現がより深まり豊かになるよう、環境を整えたり効果的なオープンクエスチョンを投げかけたりしていきましょう。

　子どもたちは振り返るという行為によって、自らの発見や学びを自覚化していきます。振り返りは常に大切になりますが、第3段階での振り返りは、それまでの日々を連ねて見たとき、自分たちはどのようなことを発見し、学んできたのかという、より大きな視点での自覚につながります。そして、それは知識及び技能の基礎の定着にもつながっていくでしょう。つまり、第3段階は表現することが目的ではなく、表現することを通じて学びを深めていくプロセスなのです。

　第3段階で学びの表現を行うことで、プロジェクトを一つの区切りとすることができます。しかしそれは、プロジェクトを終えなければならないということではありません。子どもの遊びや学びは行きつ戻りつして進みますし、第3段階でも新たな問いが見つかり、探究がさらに続いていくこともあります。子どもたちの興味・関心は続いていくのです。

プロジェクト全体を通した流れ

これまでのまとめとして、プロジェクトの全体像を整理したいと思います。

　以上のように、第1段階から第3段階までを見てきましたが、つながる保育は必ずしも順を追って直線的に進むわけではありません。子どもの興味・関心が移ろったり、再燃したりします。そのため、保育者としては無理につなげようとせず、柔軟性を持って考えていきましょう。

　第1段階は探究の的を見つけ、第2段階はそれに向かって探究し、第3段階は自分たちの学びや発見を表現すると紹介しましたが、実際の保育の姿はそのように明確に区分されるわけではありません。というのも、どの段階においても、子どもと保育者の対話があり、子どもによる表現や探究的な活動があるからです。日々の遊びや生活すべてに様々な要素が含まれてきます。それらが織りなされる中で子どもたちの探究が進んでいくのです。そのため、それぞれの段階でこうあらねばならないということではなく、柔軟に考えていきましょう。

　そこで、各段階でどのような要素が考えられるかを次ページにまとめました。すべての段階で、対話、フィールドワーク、表現、探究、共有という視点を持って取り組んでみると、それぞれの段階をより豊かに捉えることができるかもしれません。

段階ごとの活動例

	対話	フィールドワーク	
第1段階 プロジェクトの始まり	・テーマについてすでに知っていることや、経験していることを話し合う ・テーマについて、分からないことや知りたいことを話し合う ・保育者や子どもがテーマに関するホンモノを保育室に持ち込んで対話する ・さらに知りたいこと、分からないことを話し合う	・家族とトピックについて話してくる ・保護者に協力を依頼し、テーマに関連した各家庭にあるものやその写真提供を受ける	
第2段階 プロジェクトの発展	・どうしたら疑問が明らかになるか話し合う ・疑問が明らかになるには何が必要か話し合う ・フィールドワークやゲスト招待について考える 　・誰なら知っているか 　・どこに行けば分かるか 　・どうやって尋ねられるか 　・何を尋ねたいか ・フィールドワークの振り返り ・新たに得た情報について話し合う	・保育室の外へフィールドワークに出かける ・ゲストを招く ・ゲストに会いに行く	
第3段階 プロジェクトの締めくくり	・プロジェクトについて振り返る 　・どのような発見や学びがあったか 　・プロジェクトの前後で自分たちにどのような変化があったか ・発見や学びの表現に向けた話し合い 　・誰に伝えたいか 　・何を伝えたいか 　・どのように伝えたいか 　・どのように招待するか 　・どのように展示すると見やすいか 　・どのような役割分担をするか	・外に出向いて学びの表現を行う 　・ほかのクラス 　・フィールドワーク先 ・ゲストにお礼に行く ・表現方法を深めるために新たなフィールドワークを行う ・保護者から子どもたちの変化について感想をもらう	

表現	探究	共有
知っていることや経験したことを表現する ・言葉にして表す ・絵や立体物で表現する ・ままごと等で演じる	対話から出てきた知識や経験が、本当にその通りか確かめてみる 現在の知っていることについて、疑問を投げかけ、考える 知りたいモノやコトがどこにあるか考えたり、探したりする	知っていることや経験したことについて表したものをプロジェクトコーナーなどに展示する ・言葉 ・絵や立体物 ・写真
疑問ややってみたいことに向かって、つくったり描いたり表現したりする ・絵や文字 ・造形物 ・地図や設計図 ・測る、表にする フィールドワーク先でスケッチやメモをとる	疑問ややってみたいことに向かって、調べたり試したりつくったり実験したりする フィールドワークの実施 ゲストへのインタビュー さらなる疑問に向き合う	新たに得た知識や発見、気づき、理解について表したものをプロジェクトコーナーなどに展示する ・言葉 ・絵や立体物 ・写真 ドキュメンテーションを作成する
プロジェクトを振り返り、そこでの発見や学びを様々な方法で表現する ・絵や造形物、写真 ・表や地図、イラスト ・ものがたり ・演劇 ・ポスター　など プロジェクトが始まる前後の自分たちの変化を表現する 発表の場における招待状作成や保育室の展示に取り組む	自分たちの発見や学びがより伝わるように表現方法を試行錯誤する 発表の場がより楽しくなるように工夫する 新しい疑問について考える	プロジェクトでの発見や学びを表現したものを展示する ・絵や造形物、写真 ・表や地図、イラスト ・ものがたり ・ポスター　など ・絵や立体物 自分たちが表現したものが伝わりやすいように展示する

造形コーナーをどうつくる？

　つながる保育で子どもたちが探究を進めていくには、オープンエンドな素材を含めた豊かな環境構成が大切になります。そのような素材や道具があると、子どもたちの表現活動は豊かになり、探究も深まっていくからです。

　イタリア北部の都市、レッジョ・エミリアの保育施設では、子どもたちの表現への思いを刺激し、表現活動を支えるスペースとして「アトリエ」が設置されています。「アトリエ」は保育室とは別に設けられていることが多く、紙、絵の具、ペンといったもののほか、自然物（砂・木・石など）や人工物（ボタン・ネジ・ゴム・チューブ・布など）が置かれています。人工物の多くは、「レミダ」と呼ばれるリサイクルセンターから調達することができます。「レミダ」には地域の企業から製造工程で不要になった様々な廃材が無償で集まってくるのですが、そのようにして集まった美しくて魅力的な素材は、子どもたちの創造性を支え、子どもの主体的な探究を後押しするのです。

　日本でもこうした「アトリエ」を設置する園がある一方で、造形コーナーを常設しておくのも難しいという園もあるかもしれません。このような場合、「ワゴン」を活用し、オープンエンドな素材や造形道具を入れる方法があります。ワゴンは、子どもの目線としてもちょうどよい

レミダの様子

地域の企業から集まった素材

高さであるため、子ども自身で選んだり取り出したり、戻したりしやすい環境にもなります。また、簡単に動かせるため、子どもが盛り上がっているところにワゴンを移動させることができます。子どもが造形コーナーに行くだけでなく、造形コーナーが子どもに近づいていくというイメージです。表現できる素材や道具が身近にあることで、子どもの心が動いて「描いてみたい」「つくってみたい」と思ったときに、すぐに表現活動に取り組むことができますね。

　また、「レミダ」のようなリサイクルセンターがなくても、保護者に協力を呼びかけると、お勤め先で不要になった廃材を持ってきてもらえたり、地域の工場などから協力を得られたりすることもあります。

　豊かな環境をつくりたいけどつくれない。そんなときでも「どのようにしたら？」と問いかけてみることで、様々なアイデアが浮かんでくるはずです。そうして思い浮かんだアイデアの実行は保育を豊かにしてくれるでしょうし、保育者にとっても大きな自信につながっていくのではないでしょうか。

造形ワゴン

第3章

つながる保育の
実践事例

つながる保育を学んだ保育者による6つの実践事例から、
つながる保育の具体像をつかんでいきましょう。

レイモンドあしびなー保育園（沖縄県那覇市）

安達麻菜

川のゴミを取りたい

 年齢 | 3・4歳児　　 人数 | 9名　　実施時期 | 9月〜3月

活動の概要

川にゴミが流れている様子を見て、「魚がゴミを食べちゃう」と心配し始めた子どもたち。自分たちでゴミを取るための道具をつくったり、海の砂に混ざるマイクロプラスチックを見つけ取り除いたりする中で、「プラスチックは使ってもいいけど、使わなくていいものは使わない」「落ちたら拾う」「絶対に捨てない」という子どもたちなりの答えを導き出しました。そうした学びを「まなびんちゅ展」として保護者に発表しました。

海に関する子どもたちの探究

つながる保育の 3 段階

第 1 段階

テーマやトピックを 見つける・決める

子どもたちに沖縄のことをもっと知ってほしいという願いから、「海について知っていることを教えて」と問いかけた保育者。そうして始まった話し合いから、人間が川に捨てたゴミが海に流れ、それをカメや魚が食べてしまうことを知った子どもたち。川に流れるゴミを取りたいという子どもたちの思いにつながった。

子どもに見られた主な

幼児期の終わりまでに
育ってほしい姿

✓ 思考力の芽生え

様々な経験を通して、プラスチックが悪いわけではなく捨てることが悪いという結論にたどり着いた背景には、子どもたちの思考力の芽生えが垣間見えます。

探究する

様々な素材を使って、川のゴミを取るための道具づくりが始まった。つくった道具が川に届いたり、届かなかったり。うまくいった道具は何が違うのか。様々な試行錯誤から、子どもたちは長さや大きさについて考えた。また、海の砂から何度もマイクロプラスチックを探す中で、マイクロプラスチックを減らすにはどうしたらよいか考えた。

探究を振り返り表現する

海やゴミについて自分たちが考えたことを大人たちに伝えたい。そんな思いから、園内に自分たちの学びを展示して、お父さんやお母さんに説明することに。その日に向けて学びを振り返ったり、様々な展示コーナーをつくったり。保護者からも子どもたちの学びをたたえる声が集まった。

🔻 道徳性・規範意識の芽生え

川のゴミについて考える中で、子どもたちは保育室の中でも進んで掃除をするようになり、言われるからやるのではない姿に、道徳性・規範意識の芽生えが見られます。

🔻 数量や図形、標識や文字などへの関心・感覚

川のゴミを取る道具づくりで長さに気づいて活用しようとしたり、マイクロプラスチック探しを通じて、「小さいとはどういうこと?」と大きさに興味を持ったりする姿が見られました。

第 1 段階　テーマや トピックを見つける・決める

1. なんで海の中にゴミが落ちているの？

　私たち保育者は、子どもたちに自分たちが住む沖縄のことをもっと知ってほしいという願いを持っていたのですが、沖縄と言えば海。保育室の中に海に関連する写真や図鑑、貝殻などを集めた海コーナーを設置しました。

　サークルタイムで私が、「海について知っていることを教えて？」と問いかけると、子どもたちは「海の水はしょっぱい」「サメは怖いんだよ」「マグロはおいしいよね」など、自分たちが知っている知識や経験を語り始めました。そんな中、海の図鑑を見ていた子どもが「クラゲとビニールが似ている」と気づき、私に教えてくれました。

図鑑で広げる興味・関心

　そこで私は、ウミガメの餌がクラゲであること、ウミガメは海に浮かぶビニール袋をクラゲと間違えて食べてしまったり、プラスチックゴミを食べたカメや魚が死んでしまったりすることを伝えました。さらに、そうしたゴミは私たち人間が捨てたものが海へ流れたものであり、それを魚が餌と間違えて食べてしまう。そして、その魚を人間が食べることになる……という一連の流れを説明すると、衝撃を受けたようでした。

　子どもたちは、「なんで海の中にゴミが落ちているの？」「なんでカメはゴミを食べてしまうの？」「プラスチックって何？」「マグロの中にもプラスチックがあるってこと？」など口々に話し始め、サークルタイムが日に日に活発になっていきました。保育者は、子どもたちから出てきた疑問や考えを書き残しながら、共感したり、一緒に考えたりしていきました。

2. 川に流れるゴミを取りたい

　子どもたちの中に、海コーナーに置かれた貝殻や絵の具、使い方が限定されていないオープンエンドな素材を使って、海を表現したり、海ごっこをして遊んだりする姿が多くなってきました。

　そんなとき、園の近くを流れる安里川にゴミが流れているのを見つけた子どもたち。「魚がゴミを食べちゃう」と心配し、「ゴミを取ろう」「魚を守ろう」という発言がありました。そし

て「どうやって川のゴミを取ればいいんだろう？」というつぶやきの後、「ゴミを取るための道具をつくろう」という提案がありました。

　子どもたちの海への関心や、カメが間違えてビニール袋を食べてしまうことへの驚き、そして実際に川に流れるゴミ見て、子どもたちの中に「川に流れるゴミを取りたい」という探究の的が生まれたのです。

オープンエンドな
素材を使って表現する

保育者から行ったオープンクエスチョン

「 海について知っていることはどんなこと？ 」
「 魚を守るためにはどうすればいい？ 」
「（海や川の）ゴミを取るってどうやればいいんだろう？ 」

子どもたちから出た疑問

「 なんで海の中にゴミが落ちているの？ 」
「 なんでカメはゴミを食べてしまうの？ 」
「 プラスチックって何？ 」
「 マグロの中にはプラスチックがあるってこと？ 」
「 どうやって川のゴミを取ればいいんだろう？ 」

子どもたちが見つけた探究の的

川に流れるゴミを取りたい

1. 自分たちがつくった道具を使って、川のゴミを取ってみよう

どうしたら川のゴミが取れるだろうと話し合いが始まると、自分なりにつくりたい道具のイメージを説明する子がいたため、私はそのイメージをみんなで共有できるよう「それってこういうこと?」と確認しながら書いていくと、設計図のようになっていきました。道具のイメージがなかなか湧かなかった子も、それを見てイメージが湧いてくる姿がありました。このようにサークルタイムで話や考えを聞くことで、イメージを共有することができたり、友達の話を聞くことのおもしろさや自分の意見を聞いてもらうことのよさを感じたりするようになっていました。

川の擁壁上から水面に道具を降ろす

そして子どもたちは、工夫しながらゴミを取るための道具をつくり始めました。例えば、カップにスズランテープをつけて川に投げ込み、紐を巻き取って回収するという仕組みです。

水面に届いたカップ

道具が完成し、それらを持って再び川へ出かけました。川岸は擁壁になっていて柵もあるため、川にカップを投げ入れるだけでも大変です。結局、カップが川の水面まで届いた子が2人。それ以外の子は川まで届きませんでした。しかし、子どもたちは自分がつくった道具で川のゴミ取りに挑戦したことにワクワクし、とても楽しそうにしていました。

ひもの長さを比べる

保育園に戻ると「なぜ○○ちゃんのカップは（川の水面に）届いたのに、自分の（カップ）は届かなかったのだろう？」と、疑問を口にする子がいました。その声をきっかけに、水面まで届いたものと届かなかったものの紐の長さを比べてみることに。すると、川まで届いたものは紐が長いことに気づき、長さの改良が始まりました。川まで届いたものとぴったり同じ長さにしたい子、もっと長くしたい子など、それぞれが自分なりに考え道具をつくり直しました。また、長さの存在に気づいた子どもたちは、ほかにもいろいろなものの長さを測ったり比べたりするようになっていきました。

道具の改良

環境構成の工夫

・オープンエンドな素材（絵の具、小麦粉、クレヨン、シャボン玉、草木染め用のバタフライピー、シェービングクリーム、貝殻、カラーセロファン、ガムテープ、はさみ、段ボール、布、紙、廃材、紐、毛糸、枝、ビーズ、ボンドなど）を準備。
・環境汚染に関連した写真などの資料の掲示。

2. 道具を改良して、川の水をすくうことに成功

水をすくえた様子

道具づくりの「うまくいかない」と「改良」を繰り返すうち、S君が川の水をすくうことに成功し、その場にいた子どもたち全員が大感動。保育者が「どうして水がすくえたんだろう?」と聞くと、S君からは「僕がカッコいいから取れた!」という返事がありました。

別の日にはK君の道具が水中に沈み、引き上げるとカップに土が入っていました。今度は、「なんで川なのに土があったんだろう?」「どうやって（カップを）沈めることができたの?」と疑問がいくつも出てきました。

この日のサークルタイムでは、「（道具が）一回沈んでから浮かぶと、何かが取れる」「川のゴミが風で動いて集まるから、そこで道具を使えば（ゴミが）取れる」「ゴリラみたいに大きな缶を使えば（ゴミが）取れる」などの多数の意見が出てきました。これまでに学んだ知識と経験をもとに、子どもたちがそれぞれ仮説を立てていることが伝わってきました。

川底の土をすくえた様子

3. 海の砂の中からマイクロプラスチックを探そう

川でのゴミ取り作戦と並行して、マイクロプラスチック探しも行いました。「魚が水中のゴミを食べてしまう」と話した際、魚がマイクロプラスチックを食べてしまうことも伝えると、子どもたちが「マイクロプラスチックって何?」と興味を持ったため、私が海から砂を持ってきて、その中からマイクロプラスチックを見つけることにしました。

マイクロプラスチックは、砂の中に埋もれていても明らかに不自然な感じがします。そのため子どもたちは、「マイクロプラスチックって、これじゃない?」「（私が見せた）写真と同じだ」とすぐに気づいて、まるで宝探しのようにマイクロプラスチック探しが始まりました。

バケツ半分程度の砂の中に、取りきれないぐらいのマイクロプラスチックを見つけた子どもたちは、「こんなにたくさんあったら魚たちが食べちゃうね」「海はゴミだらけなんだね」と

感想を語り合いました。マイクロプラスチックを取り除いた海の砂は私が海に返しに行き、また新しい砂を持ち込んで、マイクロプラスチック探しが繰り返されました。そして、日本地図や世界地図を見ている子どもたちに、青い部分が海であることを説明すると、「この海の中全部にマイクロプラスチックがあるってこと？」と驚いていました。

　なお、私が「マイクロってとても小さいということだよ」と説明すると、子どもたちは「これはマイクロ？」「ちょっと大きいからマイクロじゃない」と物の大きさについて考える姿も見られました。素材にも興味が出てきて、身の周りのものを指し「これは海の中で溶けるのかな？」と考えたり、実際にプラスチックや紙など様々な素材をペットボトルに入れて振り、溶けるかどうかを試したりもしました。

　当初はプラスチックが悪いように感じていた子どもたちですが、様々な経験を積み重ね、マイクロプラスチックは何が削られたものなのかを想像する中で「ゴミを捨てることが悪い」と考えが変わり始めてきたのです。そして室内でも、「これが海だったら大変」と子どもたち同士で考え、掃除や片づけをする姿も出てきました。

　そして、ある日のサークルタイム。私が「マイクロプラスチックを減らすには、どうすればいいかな？」と問いかけると、子どもたちはそれまで経験したことを振り返り、自分たちなりに次のような結論を導き出したのです。「プラスチックを使ってもいいけど、使わなくていいものは使わない」「落ちたら拾う」「絶対に捨てない」「大人にも教える」。

マイクロプラスチックを探す

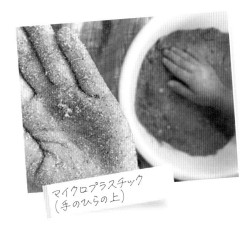

マイクロプラスチック（手のひらの上）

行ったフィールドワークやゲストの招待

フィールドワーク：

・道具を使って川でゴミ取りを行う。
・海の砂の中からマイクロプラスチックを探す。
・海のごみを調査しに行く。

探究を振り返り表現する

1. 学んだことを「まなびんちゅ展」で伝えよう

　自分たちが学んだことを大人に伝えたい。こうした思いを持った子どもたちは、「まなびんちゅ展」として園の中に自分たちの気づきや学びを展示することにしました。これまでの探究で撮影した写真や、サークルタイムで出てきた子どもたちの言葉を時系列に沿って掲示し、学んだことを整理しました。そして、朝夕の送迎時、保護者に見ていただいたのです。

探究を表した
プロジェクトボード

　どのような展示を行うか子どもたちと話し合ったり、展示に向けて様々な物をつくったりする中で、子どもたちはそれまでの探究のプロセスを振り返り、海やゴミについての理解をさらに深めていきました。「ゴミを取ろうとしたけど紐の長さが足りなかったんだよね」と振り返る姿もありました。

　そして、まなびんちゅ展では、子どもたち自身が写真を指差しながら保護者に説明したり、海や川について話したりする姿が見られました。保護者の方々も「こんなこと考えているんだ」「海を守ってくれてありがとう」「今日、川にたくさんゴミが落ちてたよ」と知らせてくれるなど、様々な反応がありました。

探究の軌跡を
写真で表す

探究を振り返る

プロジェクターで
天井に映した海を見る

子どもたちの振り返り

・プラスチックを捨てると、マイクロプラスチックとなって魚が食べてしまう。

・できるだけ、プラスチック製品を使わないようにしよう。

・ゴミを落としたら拾う。

・「プラスチックを海に捨てないで」と大人に伝えたい。

2. 続いていく子どもたちの探究

クレーンのような道具を降ろしている様子

　子どもたちは川に流れるゴミ取りに夢中になったものの、実のところ、ゴミは取れませんでした。しかし、「まなびんちゅ展」を終えて年が明けた1月。子どもたちから「ゴミ取りをしよう」「川へ行きたい」との声が上がったのです。そして、再び子どもたちのゴミ取り作戦が始まりました。

　以前、川底の土を取ることができたK君は、道具の改良を続け、今度は川に流れている枝を何本も取ることができました。そして、クレーンのようになっている道具の仕組みについて教えてくれました。また、S君は見事にゴミをすくうことに成功しました。友達に、「すごいね」「魚を守ってくれてありがとう」と言われると、照れくさいのか、うつむいたまま「楽しいからやってるだけだよ」とつぶやく姿が。

ゴミ取りに挑戦した川

　今回の取組を通して、子どもたちは身の周りの環境に関わり、それらを自分ごとにしていったように思います。その中心には、子どもたち自身に「楽しい」という思いがあり、その思いが主体的に心と体を動かした原動力になったように感じています。

子どもたちの表現の場

「まなびんちゅ展」で、これまでの活動を振り返りながら、海をテーマにした展示を実施。

「おもしろい」という原動力

3・4歳児の子どもたちが試行錯誤しながら環境問題に取り組む今回の事例は、「3・4歳児でもそんなことできるの?」「子どもたちはそんなふうに環境問題に取り組むことができるの?」と思う人もいるかもしれません。

しかしこの事例で注目してほしいのは、子どもの中にある「おもしろさ」です。子どもたち自身は、環境問題を大げさに捉えているわけではありません。川のゴミを取る道具づくりがおもしろい、マイクロプラスチック探しがおもしろい。そういった純粋な「おもしろさ」が原動力となって保育が展開しています。それがあるからこそ、環境問題という一見大きなテーマを自分ごととして捉えることにつながっているのです。

ときに、つながる保育では「テーマ性を持って保育をつなげなければ」とか「次の展開はどうしたらいいだろうか」と考えてしまうこともあるでしょう。しかし大切なのは、S君が言うように「楽しいからやってる」ということです。この楽しさには、「つくるのが楽しい」といった動的なものもあれば、「知りたい」「見たい」といった静的な楽しさもあります。どちらにしても子どもたちは、おもしろがっているわけです。つなげる保育にならないためには、そうした「おもしろさ」が持続するような活動のデザインをしていきましょう。

第1段階　保育者が投げかけるテーマやトピックもある

担任の安達さんは、子どもたちに沖縄をもっと知ってほしいと思い、「海」というテーマを設定しています。これは、保育者によるテーマ設定ですが、保育も教育である以上、そこに大人の願いが込められるのは当然です。一方で、子どもの興味・関心を大切にするために、安達さんは保育室に子どもが興味を持ちそうなものを集めた海コーナーを設置し、子どもが思わず関わりたくなる環境構成を進めているのが分かります。

そして、何かを伝えよう、教えようという姿勢ではなく、「海について知っているのはどんなこと?」と子どもたちの今を出発点にしているからこそ、さらなる興味・関心の喚起につながり、川に流れるゴミを取りたいという探究の的につながっていったと言えるでしょう。

単に子どもの興味・関心に任せているだけでは、つながる保育になりません。子どもの興味・関心に寄り添い、それを喚起したり、持続させたりする保育者のアプローチが重要になってくるわけです。

第2段階　つくって試すおもしろさ

「川に流れるゴミを取りたい」というのは、子どもたちの明確な目的となっています。しかも、まだ誰もやったことがないし、できるかどうかも分からないチャレンジングな目的です。つまり、この第1段階で生まれた「探究の的」は、まさに子どもたちのおもしろさを喚起・持続させるほどのチカラを持っていたと言えます。

そして、実際につくった道具を川に投げ込むという行為からも、子どもたちのおもしろさが伝わってきます。そのおもしろさがあるからこそ、つくった道具が川面まで届かなかったことは、「失敗」ではなく「うまくいかなかった」だけであり、「じゃあどうしたらいいか」と次につながっていくわけです。そして「なぜだろう？」「どうしたら？」を考える中で、長さや大きさへの理解にもつながり、探究的な学びになっているのです。

安達さんは子どもたちの姿を見ながら、子どもたちは○○に気づきそうだ、○○につながりそうだと予感する場面がたくさんあったことと思います。そんなときも、保育者が答えを言ってしまうのではなく、オープンクエスチョンをうまく活用しながら、子どもが気づくような関わりをしています。だからこそ、子どもたちの中に「自分で分かった」「自分で見つけた」という感覚を生み、「おもしろい」につながっていったのです。

第3段階　子どもたちの探究には区切りがない

「プラスチックを使ってもいいけど、使わなくていいものは使わない」といった自分たちが導き出した結論を大人にも教えたい。そんな思いを叶える場として開催された「まなびんちゅ展」。沖縄の言葉で「〜んちゅ」は「〜の人」という意味ですので、まさに「学びの子どもたち展」といったところでしょうか。

子どもたちは「まなびんちゅ展」に向けてそれまでを振り返る中で、ゴミを取ろうとしたけど紐の長さが足りなかったことなどを思い出しています。日々の気づきは、ともすると流れていってしまいますが、振り返るという行為によって、「知識及び技能の基礎」という資質・能力につながり、小学校以降の学びの土台になっていくのです。

そしてこの事例で興味深いのは、「まなびんちゅ展」の後も子どもたちの探究が続いた点です。保育では小学校以降のように「単元」があるわけではなく、連続性を持って遊びや生活が展開していきます。一見収まったように見えた興味・関心が復活してくることもあるでしょう。安達さんは、「まなびんちゅ展」が終わったからおしまいではなく、子どもの興味・関心、やりたいという気持ちを丁寧に捉え、子どもの探究を支えていることが分かります。

本実践のまとめ

　この事例は、保育者の願いによって「海」というテーマが先にあり、それに子どもが興味・関心を持つよう保育者が環境構成をしたり、問いかけたりして、関わっていった事例です。しかし、その展開は、保育者があらかじめレールを敷いたものではありません。計画ウェブマップをつくって見通しを持ってはいたものの、どのように進むのかは、まさに子どもと保育者とがつくり出していったのです。今回の事例では、「川に流れるゴミを取りたい」という力強い「探究の的」がその後の子どもたちの探究を豊かにしています。しかしこの探究の的は、保育者が当初から想定していたものではなく、子どもたちとともに見出したという点に、つながる保育のおもしろさと意義があると言えるでしょう。

Section
02

レイモンドこども園（和歌山県紀の川市）

田中智美

大雨のニュースから 考えた安全な暮らし

 年齢 | 5歳児   人数 | 23名   実施時期 | 6月〜10月

活動の概要

家庭で豪雨のニュースを見た子どもの発言から、洪水や災害に関心を持った子どもたち。家が流され、増水している様子を捉えた動画や画像を見て驚き、「お家に水が入ってくるって、どういうこと?」「大変ってどういうこと?」と疑問を持つうちに、洪水の仕組みや防災について探究していくことになりました。砂場を使った実験やゲストの話を聞くことなどによって深めた知識や考えを、生活発表会の場で保護者に自分たちの学びとして表現しました。

つながる保育の
3 段階

第 1 段階
テーマやトピックを 見つける・決める

大雨のニュースを見た子どもの発言をきっかけに「洪水」について関心が高まっていた。洪水や台風の写真を見たり、様々な対話を重ねたりする中で、「洪水とは何か?」「どれくらいの雨が降ったのか?」「自分たちの住んでいるところで災害が起きたら?」といったことを知りたい欲求がより高まった。

子どもに見られた主な

幼児期の終わりまでに 育ってほしい姿

▼ 自然との関わり・生命尊重

「洪水ってどういうこと?」という疑問から、雨を観察したり、雨上がりの水たまりを観察して考えたりして、身近な事象から災害という大きな現象への関心を高めていきました。

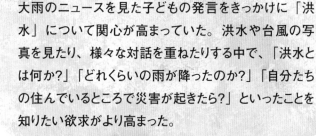

第 2 段階

探究する

自分たちなりに洪水や災害について考えるため、砂場で川をつくって水を流したり、計量カップで雨水を溜め、雨の量をはかったりした。また、保護者とともに避難バッグについて調べたり、栄養士と非常食を試食したり、消防士に話を聞いたりするなど、様々な人との関わりを持ちながら探究が進んだ。

砂場で川をつくって試している様子

話し合いながらの地図づくり

第 3 段階

探究を振り返り 表現する

探究を通じて自分たちが知ったことをレイモンドフェスタ（生活発表会）でパパやママに伝えたいという思いに至り、避難グッズを紹介するグループと危険な場所を伝えるグループに分かれて発表。保護者に避難グッズの実物を見せながら説明したり、園周辺を描いた地図で危険箇所を説明したりした。

防災頭巾を素早くかぶる方法を考える

✔ 健康な心と体

災害時のことを考えてまち探索や避難訓練を行うことで、自ら安全な生活をつくり出そうとする姿が見られました。

✔ 協同性

ともに砂場で洪水を再現しようとしたり、危ない箇所を地図で表そうとしたりするなど、共通の目的の実現に向けて、考えたり、工夫したりして、協力する姿が見られました。

テーマや
トピックを見つける・決める

1. 洪水ってなんだろう？ お家に水が入ってくるって、どういうこと？

プロジェクトボードを見て対話する

　ある日のサークルタイムで、熊本県を中心とした洪水（令和2年7月豪雨）の話題が出ました。家庭でテレビニュースを見て気になった子が、「熊本ってところで雨が降って、大変なことになっていた」と発言すると、そのニュースを知らなかった子どもたちは、「大変ってどういうこと？」「道や家に水が入ってくるって、どういうこと？」と質問し、それをもとにみんなで考える姿が見られました。

　こうした子どもたちが活発に話し合う様子を見て、台風や洪水について分かるものがあればもっと興味・関心が高まるのではないかと思い、プロジェクトボードに日本地図のほか、崩壊した家の写真、家の中にまで浸水している場面を捉えた写真を掲示しました。

　写真を見ることによって、台風や洪水をよりイメージすることができ「家が流されている」「水がいっぱいある」と衝撃を受けたようでした。

2. 洪水について高まる関心

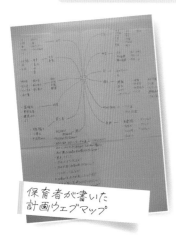
保育者が書いた計画ウェブマップ

　毎日のサークルタイムや子ども同士の会話の中でも、洪水や雨について語り合う姿が増えてくるようになりました。また、図鑑でそれらに関することや、洪水から連想される地震など災害に関するものを発見すると、保育者や友達に「見て！見て！」と知らせたり、新しい疑問や知識について話し合うことが多くなりました。

　この頃から、「なんでこんなことになったんやろ？」「この水ってどこからくるん？」「人はどこにいったん？」「自分たちが住んでるところでも起きたらどうしたらいいの？」など、プロジェクトボードに貼られた写真を見て、子どもたち同士で振り返ったり、新しい疑問を持ったりする姿が見られるようになりました。

　このように、洪水についての関心が高まってきていたため、保育者として計画ウェブマッ

プを作成して活動の広がりや見通しを持つとともに、子どもと一緒にウェブマップをつくりました。このとき、「洪水について知っていることはどんなこと？」と、子どもたちの今の理解や知識を引き出すことから始めました。するとたくさんの発言が引き出され、子どもたちがすでに洪水について様々なことを見聞きしたことがあることが分かりました。一方で、意見が出てこない子どもに対しては、知っていることだけではなく「洪水ってどんなイメージ？」と自分の思いや意見を出しやすいよう聞いていきました。

災害に関する
プロジェクトボード

図鑑を見て対話する様子

こうして洪水について知っていることがたくさん出てきた一方で、知らないことや知りたいこともあぶり出されてきました。それらは、「洪水ってどういうこと？」「どれくらい雨が降ったの？」「自分たちの住んでいるところで洪水や地震が起きたらどうしたらいいの？」「大雨洪水警報って何？　どういうこと？」「避難ってどこにするの？」という点にまとまり、それらを自分たちで調べたり考えたりするということになりました。

保育者から行ったオープンクエスチョン

「洪水について知っているのはどんなこと？」
「洪水ってどんなイメージ？」　「なぜ、洪水は起こるのだろう？」
「（被災地の写真を見せながら）この水は、どこから来たんだろう？」

子どもたちから出た疑問

「なんで洪水が起こるの？」　「どれくらい雨が降ったら洪水になるの？」
「なぜ崩れるの？」　「洪水が起きたら人は大丈夫なの？」
「家を流されてしまった人たちは、どこへ帰るのだろう？」

子どもたちが見つけた探究の的

「洪水ってどういうこと？」「どれくらいの雨が降ったの？」
「自分たちの住んでいるところで
　洪水や地震が起きたらどうしたらいいの？」
「大雨洪水警報って何？」「どこに避難するの？」

探究する

1. 自分たちで確かめよう

　「どのくらい雨が降ったら洪水になるの？」
ということを探ろうと、園庭にある砂場に川を
つくって洪水の実験を行う姿がありました。さ
らに、堤防が崩れるということを知った子ど
もたちは積み木を使って、崩れるとはどうい
うことかを再現する姿も見られました。

水たまりを見て考える

　また、雨あがりの園庭に出て、水が溜まっ
ているところを探し、「こういう水があふれ
出たら、洪水になるのかな？」と考えたり、
その水がどこからきてどこに流れているのかを考えました。もちろんそれは「雨」
の仕業なのですが、水たまりなどを見て「この水はどこからくるの？」と考えることで、子
どもたちは普段よく見ているはずの「雨」についてより深く考え、気づく姿がありました。

　また、科学遊びのコーナーに置いてあった計量カップを使って、振った雨の量を調べる姿
もありました。そのほかにも、雨の日の空を観察することによって「雨が降っているときは
灰色の雲があり、その雲から雨が出てきた」ということを発見しました。それを受けて子ど
もたちは、雨の様子を立体物で表現したり、「強い雨は雨の粒が大きい」「風が吹くから斜め
に雨が降る」といった雨の日の様子を、絵に描いたりしました。見たり感じたりしたものを
絵に描くことで、子どもたちは気づきや発見を流すことなく、自分たちのものにしていった

砂場で洪水の
実験をしている様子

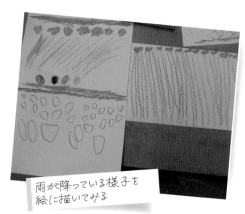

雨が降っている様子を
絵に描いてみる

ように思います。

このように子どもたちは、自分たちから出た「知りたい・なんだろう」に向かって、雨や川、水といったものに興味を持ち、洪水が起こる仕組みや雨の仕組み、法則性について自分たちなりに考えていきました。

避難場所まで歩く

日々の活動では、朝と夕方にサークルタイムを設け、様々な探究を通して見つけたことや感じたこと、思ったことなどをみんなの前で発表するよう促していきました。このとき、私からオープンクエスチョンで問いかけることで、子どもたちは様々な意見を出すようになっていきました。また、みんなの前で発表することで、「（人に意見を）受け入れてもらう」ことに喜びを感じたようです。このようにして発表の場が、さらに活動にのめり込んでいくきっかけとなりました。

発展していく
プロジェクトボード

環境構成の工夫

- ・プロジェクトボードに台風や災害の写真、日本地図を掲示する。
- ・雨や災害に関連する図鑑や絵本を置く。
- ・いつでも絵画等の造形活動ができるよう造形コーナーの常設。
- ・砂場で水遊びができるよう水を子どもが自由に使えるようにするとともに、バケツやスコップ等の道具を自分の判断で使えるようにしておく。
- ・こまめにドキュメンテーションを作成する。

2. 避難バッグの中身を調べてみよう

　子どもたちと対話を進めるにつれ、「洪水」からさらに大きい「災害」がテーマとなっていきました。テーマがより大きくなったことを受け、私は、子どもがそれらを身近に感じ自分ごととして考えられるよう、「本物に触れる」ことを大切にしました。

　ある日の避難訓練の振り返りの際、私は避難バッグを示して「これには何が入っていると思う？」と問いかけ、子どもたちが避難について考えることを促しました。「家にも避難バッグがあるよ」という発言もあったため、「じゃあ、何が入っているか見てきてくれる？」と伝えるとともに、保護者にも、避難バッグの中身を子どもたちと一緒に確認してほしいとお願いしました。すると、翌日にはたくさんの子どもたちが、自分の家の避難バッグに入っていた物を発表する姿につながりました。

　さらに、園の避難バッグの中に入っているものを、実際に使ってみることにしました。例えば、携帯用の簡易トイレを組み立てて水を流し入れ、水が固まる様子を観察しました。また、手回し式で充電ができる携帯用のラジオやライトを使ってみるなど、避難グッズへの興味が高まっていきました。

避難バッグの
中身を確認

3. 栄養士や消防士の話を聞いてみよう

　このプロジェクトの進行中は、新型コロナウイルス感染症への厳重な対策が必要な時期でしたが、しっかりと感染防止対策をしたうえで、子どもたちの探究を深めるゲストとの関わりを持つことができました。

　非常食の話題になったとき、「園の避難バッグに入れる非常食を自分たちで選びたい」という意見が出ました。そこで、園の栄養士とともに園に備蓄してある非常食を試食することになりました。そして、どうやって避難バッグに入れる非常食を決めるか話し合い、お気に入りの非常食を投票することにしました。こうすることで、避難バッグや非常食の存在を理解するとともに、自分ごととして考えられるようになったように思います。

　また、消防署に連絡をして経緯を話し、消防士さんにも来てもらいました。子どもたちはそれまでの探究の中で「災害には洪水だけでなく、地震や火事などもある」と理解していた

ため、「地震が来たら（建物が）倒れるやん」「（建物が）倒れるような地震って、どんな地震なんやろ？」という疑問を持ち、消防士さんに様々な質問を投げかけていました。そのうえで地震体験車にも乗ったのですが、地震を疑似体験した後の避難訓練では、子どもたちの態度に変化が現れました。それまでは、避難訓練で地震を知らせる園内放送が入ると、子どもたちは「え？」と戸惑いの表情を浮かべていましたが、消防士の話を聞いてからは、自ら机の下に入ったり、姿勢を低くして頭を手で覆ってダンゴムシのポーズをとったりしていました。また、机の下に入ったときには机の脚を持つといったことも進んでするようになりました。

さらに、これらの活動をきっかけとして、「自分たちより小さい子を、どうやったら守れるんやろう？」という発言も聞こえ始めました。

栄養士にインタビュー

消防士さんを招いてインタビュー

🗣 行ったフィールドワークやゲストの招待

フィールドワーク：

・雨上がりの園庭に出て、水たまりや植木鉢の水の様子を観察する。
・災害時の最終避難場所となっている小学校まで散歩する。

ゲストの招待：

・保護者に子どもと一緒に避難バッグの確認を依頼する。
・栄養士から非常食の説明と非常食の試食。
・消防士から地震についての話を聞き、地震体験車に乗車する。

探究を振り返り表現する

1. みんなに知識を伝えたい

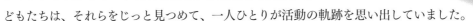

非常食について
知ったことをまとめる

　洪水や災害について、子どもたちの学びが深まった
ころ、サークルタイムなどを使って活動の振り返りを
行いました。子どもたちの発言内容は、ホワイトボー
ドやプロジェクトボードに書き出し、写真なども掲示。子
どもたちは、それらをじっと見つめて、一人ひとりが活動の軌跡を思い出していました。

　子どもたちからは、「小さい子を守りたい」「人の役に立ちたい」「(防災のことなど)知っ
たことを伝えたい」というキーワードが出てきました。さらに一歩進んで、「レイモンドフェ
スタ(生活発表会)でママやパパに(自分たちの探究を)聞いてもらいたい」という強い気
持ちを持つようになっていました。

子どもたちの振り返り

- みんなで避難バッグの中に入れるものの内容を考え、
  全クラスに置いてみるのはどうだろう。
- 地震が発生したときには、小さい子を守りたい。
  どうしたら守れるのかを考えよう。
- 最終避難場所の小学校までの道のりには、
  危険な場所がたくさんあることを発見した。みんなにも知らせたい。
- 自分たちが身につけた知識を、多くの人に伝えたい。

2. 伝えたいことを考えてみよう

　子どもたちは、これまでの活動で学んだことをレイモンドフェスタで保護者に伝えること
にしました。伝えたいことがたくさんあったため、「避難グッズを紹介するグループ」と「危
険な場所を伝えるグループ」の2グループに分かれて発表を行うことにしました。「何を伝
えたらいいのだろう?」「どう伝えたら分かりやすいだろう?」と話すことが増え、例えば「危
険な場所を伝えるグループ」では、「地図をつくったら分かりやすいと思う」「こっちの池や
溝は、雨のときには気をつけないといけない」と活発に意見を出し合っていました。

私は、子どもたちの言葉を一つひとつ大切にしながら、質問を投げかけ考える機会をつくるようにしました。さらに、ドキュメンテーションをつくり、子どもたちだけでなく、保護者も見られる場所に掲示しました。家庭内でも、「防災」や「災害」について話し合うことができたようです。

3. 大切なことを伝えてみよう

そして迎えたレイモンドフェスタ当日。

「避難グッズを紹介するグループ」は、子ども自身が必要だと思う避難グッズを選び、実物を保護者に見せながら、なぜ必要なのかを説明しました。

「危険な場所を伝えるグループ」は、大きな模造紙に散歩に行った地域の地図を描き、危険箇所を撮影した写真を貼りつけたもので説明しました。「こういうところの、ここが危ないと思います。なんで危ないかと言うと、例えば、電柱

園周辺の危険箇所の
プレゼンテーション

が倒れてきて、下敷きになったら大変だから気をつけないといけないと思います」「この場所は、安全だと思います」と保護者に伝える姿がありました。

避難グッズについて
プレゼンテーション

保護者は、子どもたちの発表を見て「頑張ったね」「こんなに大きくなったんだね」と喜んでいました。この学びの表現の場は子どもたちにとっても、とてもよい経験となったようです。

子どもたちの表現の場

- レイモンドフェスタ（生活発表会）で、
  2グループに分かれて自分たちの学びを保護者に発表。
- 避難グッズを実際に自分たちが使い、
  避難の際に何が必要か考えたことを発表。
- 園の周辺の地図を描き、
  危険な箇所について考えて発表。

ニュースと自分たちの暮らしをつなぐ

　洪水や災害について考え探究したこの事例は、洪水を知らせるニュース報道を見た子どもの発言がきっかけになっています。私たちの身の周りには様々な出来事が起こり、テレビや新聞、インターネットなどがそれらを知らせてくれます。

　私たちは、世の中とのつながりなくして生きていくことができません。そのためこうした情報は、私たちがどのように社会とつながっているのか考えるきっかけを与えてくれます。

　例えば、オリンピックが開催されると、遠く離れた国での開催であっても、大いに盛り上がります。しかし、それを保育の場面で話題にする保育者もいれば、そうでない保育者もいます。そのように考えると、保育者の関わりは子どもと社会をつなげる大切な役割と言えるのです。

　今回の事例においても、ニュース報道から子どもたちが洪水や災害について考えた点が特徴の一つと言えます。しかも、保育者がそのテーマを取り上げようとあらかじめ考えていたのではなく、ニュース報道を見た子どもの「熊本ってところで雨が降って、大変なことになっていた」という発言を保育者が丁寧に取り上げ、子どもたちに問い直したり、環境構成をして展開していったというところに、まさに子ども発のつながる保育で大事にしたい点が現れています。

第1段階　トピックを見つけるために

　サークルタイムで台風の話題になったとき、そのニュースを知っている子もいれば知らない子もいた状態です。このとき担任の田中さんは、知っている子が持っている情報を引き出すことで、知らない子どもたちに伝える媒介者の役割を果たしています。大人である保育者が答えてしまうのは簡単なことです。それをオープンクエスチョンで問いかけ、一部の子どもたちが知っていることをクラス内で共有できるようにしています。

　一方で、未経験のことや遠く離れた場所での出来事は、子どもたちにとってイメージがつきにくいことも確かです。そこで田中さんは、日本地図や崩壊した家の写真、浸水している写真などをプロジェクトボードに掲示し、子どもたちが視覚的にイメージができるように工夫しています。しかも、掲示しっぱなしにするのではなく、その写真を囲んで子どもたちからの気づきを引き出すサークルタイムを行っています。

　このように子どもたちの好奇心が高まってきた折、田中さんは同僚の保育者とともに計画ウェブマップを書いています。一人だけでなく複数でアイデアを出し、見通しを持つからこそ、より豊かな保育デザインにつながっていきます。

第2段階　　生まれた疑問について探究する

　今回の子どもたちの探究の陰には、豊かな環境構成とカルチャーがあったように思います。砂場で川をつくるには、砂場で水を使えることが必要です。しかも、ある程度の水量がないと、すぐ砂に沁み込んでしまいます。また、「砂場で川をつくってみよう」と思うためには、日頃から砂場でたくさんの水を使って遊ぶという経験やカルチャーがあったからこそと言えます。雨水を計量カップに溜めようという発想も、科学コーナーで子どもがそのカップに日常的に触れていたからこそです。つまり、それぞれのプロジェクトに応じて環境構成を行うことも大切ですが、普段からの環境構成や、それらを自分たちが思うように使えるというカルチャーが醸成されていたことが大切になるわけです。

　また、子どもたちが家庭の避難バッグを確認してくることになった際、保護者にも子どもと一緒に確認してもらえるようお願いをしたのはとてもよい関わりと言えます。こうした積み重ねにより、保護者が園での保育や生活により関心を持つとともに、保育への協力にもつながっていくことでしょう。

第3段階　　子ども主体で日常生活が生活発表会に

　この事例では、子どもたちはいわゆる生活発表会としてのレイモンドフェスタで保護者に向けて発表しています。生活発表会に向けて日常を送るのではなく、日常の延長線上に生活発表会が位置づけられています。しかも、何を発表するか、どのように伝えるかは、子どもたちの意見が最大限に尊重され進んでいます。

　また、テーマに応じて2つのグループに分かれて準備・発表することで、共通の目的に向かって協力する協同的な活動となるようデザインされています。そして、地図を描いて表したり、避難グッズの説明をしたりするプロセスにおいて、子どもたちは思考力の芽生えや数量や図形、標識や文字などへの関心・感覚を高めていっていることが分かります。

　こうした一連のプロセスが、保育者主導ではなく、子どもの主体性を尊重しながら進んでいる点に、子どもの興味・関心、そして探究が持続した鍵があると言えるでしょう。

本実践のまとめ

　この事例は、子どもたちにとって洪水・災害という一見遠い世界に思える事柄をテーマにしていますが、保育者が写真等を示して可視化するだけでなく、子どもが具体的・直接的な経験をできるように保育者が工夫することで、子どもたちは自分ごととして捉えるようになっています。また、全体を通して、保育者が活動を主導するのではなく、保育者が子どもに問いかけ、出てきた意見を尊重することで、子どもと保育者の意図がうまく絡み合って、生活が織りなされていることが分かります。保育者として、世の中の出来事にアンテナを張り、子どもたちがそれらとのつながりを実体験として感じる積み重ねが、子どもが社会の中で生きる一人の人として育っていくことにつながるでしょう。

レイモンド南町田保育園（東京都町田市）

佐藤由加

Section
03

竜巻から広がる 天気への関心

 年齢 | 3～5歳児　　 人数 | 34名　　実施時期 | 7月～2月

活動の概要

ある子が竜巻に興味を持ったことをきっかけに、それぞれが家庭でも竜巻について調べてきて、サークルタイムで分かったことを活発に話す姿が。子どもたちの興味は、竜巻から台風や天気、そして地球温暖化にまで広がっていきました。そんなとき実際に停電が起き、子どもたちは実体験を通して台風の影響を感じることに。こうした天気への興味を、子どもたちは絵や文章のほか、身体を使った動きによって表現しました。また、オンライン会議システムを使ってテレビ番組のような「天気予報ごっこ」を行い、自分たちの学びを表現していきました。

ホワイトボードを囲んで対話

つながる保育の

3 段階

第 1 段階

テーマやトピックを 見つける・決める

絵本か何かで竜巻に興味を持った子がサークルタイムで話したことをきっかけに、天気や台風などの気象に興味を持ち始めた子どもたち。地球温暖化にまで興味が広がり、実際に台風が来て停電を経験したことから、台風について探究していくことに。

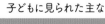

子どもに見られた主な

幼児期の終わりまでに 育ってほしい姿

✓ 自然との関わり・生命尊重

「竜巻って？ 台風って？ 雲って？」というように、身近な気象に興味を持って調べたり、観察したりする姿が見られました。

第2段階

探究する

日常的に気象への関心を高めようと、保育者が毎日天気について話していると、雲に興味を持ち始めた子どもたち。雲にも様々な種類があることを知り、観察したり公園で雲をスケッチしたり。コンテンポラリーダンスの先生と、自分たちの身体で雲や台風を思い思いに表現する姿につながった。

身体でも天気を表現する様子

第3段階

探究を振り返り
表現する

自分たちが知った天気に関することを、絵と文字でカルタにまとめる子どもたち。また、「Our "NOW" Expo ～いまの僕たち博覧会～」（生活発表会）では、様々な素材を使って雲を表現し、オンライン会議システムを使って天気予報ごっこを行い、自分たちが学んだことを子どもたちなりの方法で表現した。

 数量や図形、標識や文字などへの関心・感覚

台風の進路図に興味を持ち、日本地図や図形を描くとともに、カルタづくりでは文字や絵で表現しようとする姿が見られました。

▼ 豊かな感性と表現

コンテンポラリーダンスの先生とともに、子どもたちが感じた雲や太陽を、自分の身体を使って自由に想像しながら表現する姿が見られました。

テーマや
トピックを見つける・決める

1. 竜巻ってなんだろう？ 天気や気象への興味

　2020年の7月、絵本か何かで竜巻の存在を知った子が夕方のサークルタイムでその話題に触れ、子どもたちの中に竜巻への関心が芽生えました。子どもたちは、自分の知っていることや友達から聞いたことをもとに「竜巻とはなんだろう」と仮説を立てるなどして、とても盛り上がりました。

　翌朝、登園してきたN君は真っ先に私のところに来て、「運動会をしていると竜巻が起こるんだよ」と話しました。どうやらN君が家族に竜巻の話をして、家族でYouTubeの竜巻動画を見たようです。私はN君に、朝のサークルタイムでその話をしてほしいと促し、そわそわしながらもN君が発表すると、それに感化されたかのように翌日からはほかの子どもたちも、テレビで見たことや保護者から聞いたことをサークルタイムで話すようになりました。お話し好きな子どもが多かったこともあり、自分なりに調べてきた内容を仲間に伝えることに喜びを感じているようでした。

　このように子どもたちの竜巻への興味が高まってきたころ、私は竜巻についての計画ウェブマップをつくり、雲や風、台風といったことに子どもたちの興味がつながっていく仮説を立てました。

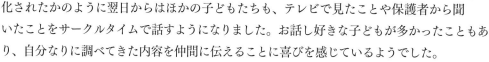

台風について知っている
ことや疑問を表す

　猛暑だったこの夏は、近くの畑で育てていた野菜の収穫に行けない日々が続いていました。そこで子どもたちは「どうしたら収穫に行けるだろう」と考え、「雨が降れば暑くなくなる」「雨が降らないと野菜がカラカラになる」という結論に至り、テルテル坊主をつくり、逆さに吊るしました。

　その話し合いの中で、「食べ物を残すと地球が熱くなっちゃうんだよ（ゴミなどを燃やすときに出るガスで地球が温かくなる）」という発言をきっかけに、子どもたちは地球温暖化についても調べ、南極の氷が溶けていることや異常気象でゲリラ豪雨や水害が起きやすくなっていることを知りました。

テルテル坊主を
つくった様子

また、日常の会話から「暑さ指数」「熱中症」という言葉も使うようになり、天気や気象への興味が高まっていきました。

　なお、子どもたちがサークルタイムで話し合った内容はプロジェクトボードに書き残し、サークルタイムに参加していなかった子どもも後から振り返ることができるようにするなど、クラス全員が話題に参加できるよう工夫しました。

日々行われた
サークルタイム

2. 台風への興味が深まる

　9月になると台風のニュースが増え、サークルタイムではその話題で盛り上がるようになりました。まずは台風について知っていることを話し合うとともに、私からも、台風の進路図や台風の名前、風の強さ（風速表）、台風で被害を受けた家や信号機の画像を見せたところ、衝撃を受けた子どもたちは「自分たちの地域でも災害が起きたらどうしよう」という話し合いになりました。

　そして、台風の進路図を自分で描きたいと日本地図や進路を描く姿や、台風について知ったことを保護者に伝えようと手紙を書く姿も現れました。

　そんなとき、実際に台風による停電が起き、一部の子どもたちが停電を経験することになりました。翌朝のサークルタイムでは、保護者と一緒に外に出て停電の様子を観察したこと、信号機が消えていたこと、懐中電灯を使ったこと、テレビが見られなかったこと、雷が鳴っていたことなど、それぞれの実体験を語りました。また、保護者から聞いた停電の仕組みについて、紙に書いて友達に知らせる姿もありました。

子どもの意見を
ウェブマップに書き込む

　そして子どもたちは、停電を体験して感じたことを絵や文字にまとめました。実際の台風での体験を通して、台風への興味が深まったことから、探究の問いは「台風」に絞られていきました。

子どもとつくった
ウェブマップ

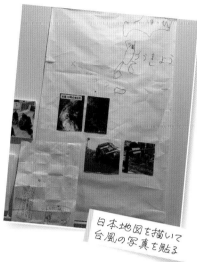

日本地図を描いて
台風の写真を貼る

 ## 保育者から行ったオープンクエスチョン

「竜巻ってどんなもの?」

「竜巻についてどんなことを知っている?」

「どうして竜巻が起こるんだろう?」

「台風についてどんなことを知っている?」

 ## 子どもたちから出た疑問

「どうしたら畑に収穫に行けるかな?」

「自分たちの地域で災害が起きたらどうする?」

「(災害時)自分たちにできることってなんだろう?」

「避難場所はどこ?」

「川の水は飲める?」

「台風のとき、熱中症になったらどうしよう?」

子どもたちが見つけた 探究の的

台風とは何か?

探究する

実際の雲を見つめる様子

1. 身近な天気を見つめてみよう

　台風について子どもがさらに関心を持って探究できるようにと、朝のサークルタイムでは、私から必ず「天気」について話すよう心がけました。また、子ども同士でクイズを出し合う姿があったため、散歩に行く際は「あの雲は何に見えるかな？」と子どもたちに問いかけると、子どもたちが、「あの雲はティラノサウルスみたい」と雲の形からイメージするものを伝え合う姿がよく見られるようになりました。

　また、戸外遊びの際、雲の種類を示した表を持っていくことで、子どもたちは実際の雲と見比べたり、雲の形や動きに注目したりしていました。

　そして、実際に観察した雲の様子を描いてみようということになり、画板を持って近くの公園に行きました。子どもたちは思い思いの場所から空を見上げて、雲の様子を画用紙に描きました。

見本と実物を見比べる

公園で雲を
スケッチする様子

環境構成の工夫

・台風の名前や風速表を掲示する。
・模造紙に日本地図を描いて、台風の進路図を描き入れる。
・プロジェクトコーナーを設置し、天気に関する本などを置く。
・戸外遊びの際、雲の種類を示した表を持っていく。

2. 天気を身体で表現してみよう

　この年は新型コロナウイルスの影響から「スポーツデー」（運動会）は開催せず、10月の1週間を「スポーツウィーク」として運動遊びを中心に過ごすことにしました。
この期間に何をしたいかを子どもたちに尋ねたところ、定期的に園に来ていただいていたコンテンポラリーダンスのシズカ先生に会いたいという意見が出ました。そこで、シズカ先生と子どもたちをオンラインでつないで表現遊びができないかと思い、シズカ先生に相談することに。私から、子どもたちが天気に興味を示していることを伝えたところ、スクリーン越しですが、子どもたちが様々な天気を身体で表現する時間にしようということになりました。

ダンスの先生とオンラインでつながる

　シズカ先生とオンラインでつながったその日、子どもたちの目の前のスクリーンにシズカ先生が映し出されました。シズカ先生に問いかけられながら、子どもたちは保育園から公園までの道のりを思い出し、そこで見た太陽や雲を身体で表現したり、「台風が来た！」「雨だ」「雷だ！」「竜巻だ！」とイメージを膨らませたりして様々な表現につながりました。コンテンポラリーダンスには、決まった型や正解・不正解というものがなく、子ども一人ひとりの感受性を活かし身体で表現します。天気を文字や絵で表現することが多かった子どもたちでしたが、それまでとは一味違って思いっきり身体を使って天気を表現する姿は、喜びに満ち溢れていたように思います。

身体で様々に表現する姿

行ったフィールドワークやゲストの招待

フィールドワーク：
・公園で空の様子を観察。

ゲストの招待：
・コンテンポラリーダンスの指導者とともに、天気の様子を身体の動きで表現する。

探究を振り返り表現する

第3段階

1. お天気カルタで天気に関する知識をみんなに伝えたい

行事や並行したほかのプロジェクトの影響からか、子どもたちの天気への興味・関心が薄れているようにも感じました。そこで、プロジェクトコーナーの周りに集まって、それまでのプロジェクトを振り返る中で、「お祝い」として2つの活動をしようということになり、子どもたちの意欲が再燃しました。

天気について振り返る

ひとつは、お天気カルタをつくろうということになりました。これは、子どもたちが、生活の中のもったいない出来事を題材とした絵本『もったいないばあさん』（真珠まりこ［著］・講談社）をテーマにしたカルタを暗記して遊んでいた様子を見て、私から提案したものです。私の提案に子どもたちは「やりたい！」と反応し、子ども同士で天気について話し合い、「雨雲だよ。もうすぐ雨が降るよ」など、天気について学んだことを文字と絵でカルタにしていきました。最終的に、天気に関する子どもたちの学びがたくさん詰まったカルタができ上がり、それで遊ぶ姿につながりました。

2. 生活発表会で自分たちの学びを表現しよう

サークルタイムで振り返る

お祝いの場の2つ目は、毎年2月に開催している生活発表会としての「Our"NOW"Expo 〜いまの僕たち博覧会〜」。この「博覧会」では、様々な方法で表現された子どもたちの興味・関心を園内の至るところに展示し、パビリオンのように子ども自身がそれを説明するといった姿が見られます。何をつくるかは子ども自身が決めるのですが、や

はり雲をつくりたいという声が上がり、どうしたら本当の雲のようになるかと試行錯誤する姿がありました。

　また、生活発表会に向けた話し合いでは、ニュース番組の天気予報コーナーを再現したいという意見が出てきました。そこで、1週間かけて行う「博覧会」の最終日に、保育園と普段よく訪れる鶴間公園、そして畑の3か所それぞれに子どもが立って、オンライン会議システムで中継する天気予報ごっこを行うことに。

　子どもたちはさっそく、キャスター役とカメラマン役に分かれて準備を始めました。「台本をつくったほうがいい」という意見が出たので、保育者側から多少助言しながらも、子どもたちのアイデアを活かし、台本を制作しました。

　キャスター役を務めた子どもは、自宅でもセリフを繰り返し練習していたそうです。恥ずかしがり屋の子どももカメラマン役として、スマートフォンでの撮影を担当するなど、それぞれの役割に向き合う姿がありました。

発表に向けた準備

保育室を
生活発表の場に

3. 3か所をオンライン会議システムでつないだ 天気予報ごっこ当日

　いよいよ天気予報ごっこ当日。保育園にいる子どもたちが「鶴間公園にいる○○さーん」と呼びかけると、鶴間公園にいる子が「はーい」と返事をして、「今の天気は○○です。気温は、○度」などと答えます。さらに、雲の様子などを見ながら、子どもたちが調べてきた知識を披露。「飛行機雲が出るときは、空に水蒸気がたくさんあるので、これから雨が降るかもしれません」といった大人顔負けの解説を行いました。また、雲の形状と名前を説明した表をスタッフ役の子どもが持って登場。キャスター役以外の子どもも番組に出演できるよう工夫しまし

た。保育園、公園、畑、それぞれの場所にいる子どもたちが、オンライン上での掛け合いを楽しみました。

　カメラマン役の子どもがスマートフォンで撮影・中継しつつ、保育者はカメラマン役を含めて全体を撮影し、それらをつなぎ合わせてこの様子を映像にしました。それをコロナ禍で参加を自粛いただいた保護者に配信し、子どもの成長を共有することができました。保護者の方々もこの動画を見て大喜び。子どもたちからも「天気予報ごっこ、またやりたい」といった意見が出て、自分たちがやり遂げたことで自信を持ったようです。

オンラインでつないだ
天気予報ごっこの様子

子どもたちの表現の場

- **お天気カルタをつくって、天気に関する知識をまとめた。**
- **様々な素材を使って雲を表現。**
- **「天気予報ごっこ」で
雲の様子や雲の成り立ちなどを発表。**

子どもたちの学びや育ち

- 雲には様々な種類や形があることを知った。
- 雲を見ると次の天気が分かる、といった学びを振り返り、
文字や絵で表現した。
- 各自が知っていることを伝え合う中で、話を聞くことの大切さや、
自分とは異なる考え方があることを知った。
- お互いが持っている天気に関する知識を共有し、
天気についての理解を深めた。

子どもの姿に合わせて柔軟に対応する

　つながる保育では3つの段階を意識して進めていきますが、それにとらわれすぎると窮屈な保育や保育者主導の保育にもなりかねません。しかし、この実践では、3つの段階を意識しつつも担任の佐藤さんが柔軟に対応している様子がうかがえます。

　具体的には、第1段階で絞り込まれた探究の的は「台風について知りたい」というものでしたが、第2段階や第3段階での子どもたちの関心は、台風に限定したものではなく天気といったテーマになっています。もし佐藤さん自身が、第1段階で絞り込まれた「台風」というテーマに固執していたとしたら、子どもたちの興味・関心を強引に方向づける保育実践になっていたことでしょう。

　つまり、つながる保育は3つの段階を意識しつつも、それはあくまでも保育者側のイメージであり、そうしなければならないというものではありません。この3段階を意識すると子どもたちの探究につながりやすいというコツを示しているのです。

第1段階　子どもの興味・関心を引き出す保育者の関わり方

　竜巻に興味を持った子どもの発言から始まったとも言える今回のプロジェクト。その起点には、佐藤さんの丁寧な関わりがありました。一人の子どもの発言を無視せず丁寧に取り上げて、「竜巻って知っている？」「竜巻って聞いたことある？」「竜巻ってなんだろう？」と尋ねたり投げかけたりすることで、子どもたちは竜巻とは何かと自分たちなりの仮説を立てるに至っています。このようにして沸き上がった興味・関心があったからこそ、N君は家族に竜巻のことを話し、家族で竜巻について考えることにつながっています。そして、そうやって調べてきたN君に、サークルタイムでの発表を促すことで、竜巻への関心がさらに伝播していったのです。つまり、保育の活動テーマは、保育者が一方的に考えて決めてしまうのではなく、子どもの興味・関心を拾っていくことが大切であるということを物語っています。

　なお、つながる保育を進めるにあたっては、子どもが触れたり、感じたり、調べたり、実体験を伴うテーマのほうがつながりやすいのですが、今回の事例では、竜巻や台風という子どもが手に触れられないテーマになっています。しかし、そうであっても、台風の進路図をつくろうとし、絵に描くといった具体的な行為を展開することで、子どもにとって手触り感のある活動になっていくのです。

第2段階　同じものを様々な方法で表現する

　第2段階では、子どもたちは天気や気象に関わることを、様々な方法で表しています。公園で空を見上げてスケッチしたり、コンテンポラリーダンスの先生と一緒に身体でも表現し

たりしています。また「こんな感じ」「たしか○○だった」というように言葉でも表しています。

このように同じ対象物でも、様々な方法で表現することで、子どもの理解が深まっていきます。特にこの事例では、身体で表現している点がとてもユニークだと言えるでしょう。

なお、雲をスケッチした際、雲とあわせて動物を描く子どももいたようです。しかし担任の佐藤さんは、子どもたちが雲を本物らしくスケッチするのを願っていたわけではないので、温かく見守っています。また、雲の種類を示した表を用意したのも、子どもたちに雲の種類や名前を正確に憶えてほしいと願ってのことではありません。幼児期の子どもたちにとって、正確な知識や表現が大切なのではなく、表現したいという意欲や表現を楽しむことを大切にしたいのです。

第3段階　プロジェクトをどう締めくくるか

第1段階であぶり出された探究の的は、「台風」について知りたいということでしたが、第2段階では広く「天気」や「気象」がテーマになっています。そして、子どもたちの中で具体的に何かが明らかになったわけではありませんが、第3段階に移行しています。これは、とても大切な流れの一つと言えます。というのも、つながる保育では3段階に分けて展開を考えていきますが、いつもこの通り展開されるとは限りません。子どもの興味・関心が移り変わることや、思わぬ展開になることもありますが、子どもの主体性を大切にしながらも舵切りをするのは保育者の役割です（P.79参照）。

佐藤さんは、天気への興味・関心が子どもたちの中で薄れてきていることを感じ取り、プロジェクトコーナーの周りに子どもを集めてそれまでのプロジェクトを振り返っています。つながる保育でよくある悩みとして、プロジェクトがしぼんでしまうということがありますが、子どもたちの興味・関心を次につなげるという意味で区切りをつけることも大切になります。佐藤さんが実践しているように、それまでのプロジェクトを振り返って、これからどうしたいか、誰に何を伝えたいかを考え、それを展開していくというのは有効な方法です。このように「博覧会」で何をするかを子どもが決めることで、子どもたちの学びの表現への意欲が高まっているのです。

本実践のまとめ

この事例からは、竜巻や台風といった天気・気象といったことに子どもたちが興味を広げていった様子が分かります。そして、子どもたちと担任だけによる探究ではなく、親子で話をし、普段から園に来ている外部講師（コンテンポラリーダンスの先生）とも一緒に展開しています。このように、普段の保育に関わることのない第3者の存在は保育に新たな展開やおもしろさを加えます。また、このプロジェクトの最中に、子どもたちは停電という貴重な経験をしています。身の周りで起こったことを、流してしまうのではなく、丁寧に拾い上げることで、子どもたちは社会と自分とを結びつけ、様々なことを自分ごと化していくことにつながるでしょう。

Section

04

レイモンド田無保育園（東京都西東京市）

高橋友美

土の違いについて知りたい

| 年齢 | 5歳児 | 人数 | 19名 | 実施時期 | 7月〜1月 |

活動の概要

じゃがいも掘りをした際、土に興味を持った年長児たち。「なんで土のあるところには、虫がいるのだろう?」「乾いている土と濡れている土は、なぜ色が違うのだろう」という疑問から、土について探究していくことに。いろいろな場所の土を集めて水を注ぎ、経過を観察したり、"つち博士"（高校の理科の先生）に話を聞いたりして、知識を身につけ、考えを深めました。そして、そうした探究の結果を、3・4歳児を招いて、実際の土を見せたり、絵や写真を用いたりして分かりやすく説明する姿につながりました。

つながる保育の

3段階

第1段階

テーマやトピックを見つける・決める

じゃがいも掘りのために畑に訪れた子どもたち。土の感触を楽しんだり、虫を見つけたりする中で、なぜ土には虫がいるのか、なぜ土によって色や感触が違うのかなど、様々な疑問が生まれた。カブトムシの飼育用の土にも触れ、土に対しての「知りたい」「なんでだろう」が沸き起こってきた。

触って違いを感じる

子どもに見られた主な

幼児期の終わりまでに育ってほしい姿

☑ 自然との関わり・生命尊重

身近にある土について観察したり実験したりすることを通じて、土が水を含んだときの変化や、霜柱が冷たいということを知り、身近な自然に関心を持って向き合う姿につながっていきました。

第2段階

探究する

様々な種類の土を用意して、触ったり匂いを嗅いだり。そして、土に水を入れてかき混ぜると、茶色く濁った水は時間が経つと透明になることも発見。土への興味が高まる一方で明らかにならない「なぜだろう」への疑問。"つち博士"（高校の理科の先生）に話を聞いたことで、子どもたちの土への理解が深まった。

水に混ぜて違いを見る

第3段階

探究を振り返り
表現する

自分たちが実験したり、"つち博士"から教わったりしたことを、年下の友達に伝えたい。それまでの自分たちの探究を振り返り、説明用の模造紙や絵を描いて、"つち博士"になったつもりで発表。発表の後も、卒園まで子どもたちの土への探究が続いていった。

▼ 社会生活との関わり

高校の理科の先生から話を聞き、たくさんの疑問が解消した経験を通じ、様々な人と関わることで、新たな発見や気づきを得ることができるという人との関わり方を知ることにつながりました。

▼ 言葉による伝え合い

年下の子どもたちに「伝えたい」という思いが芽生えるとともに、発表の際は、写真や絵を用いて、自分たちが経験したことを試行錯誤しながら言葉によって伝える姿が見られました。

テーマや
トピックを見つける・決める

1. 畑の土には、なぜ虫がいるのだろう?

当園は、園庭がない保育園。いつでも土を使った遊びができるわけではありません。そこで、毎年じゃがいも掘りを実施し、土に触れる機会をつくっています。

子どもたちは畑に着くなり、「柔らかい」と何度も足踏みをし始めました。ほかにも、土を握って感触を楽しむ姿、土の中のミミズや幼虫を見つけて虫探しに夢中になる姿、水を含んでどろどろに

じゃがいも掘りで
土に触れる姿

なった土や、土が水を吸収していく様子をじっと見つめる姿もありました。

そして子どもたちから、「なんで土のあるところには、虫がたくさんいるんだろう?」「なんでこの土は臭いの?」「なんでサラサラの土と硬い土があるの?」「なんでこの土とあの土は色が違うの?」「この畑の土と公園の土は違う」など、たくさんの疑問が湧いてきました。

このように子どもたちが土に興味を持ち始めたため、土をテーマに探究してみようと思い、計画ウェブマップを書いたり、子どもたちとサークルタイムで土について話し合ったりしました。サークルタイムでは、子どもから出た意見をウェブマップにまとめながら、子どもたちが自ら考え仮説を立てるのをじっくりと待つよう心がけました。こうして土についての探究が始まっていきました。

水たまりの土(砂)に
興味を持つ姿

公園でも広がる土
(砂)への興味

保育者がつくった
計画ウェブマップ

2. 土にはどんな種類があるのかな？

　ある子どもが自宅からカブトムシを持ってきたので、飼育を始めることに。カブトムシを飼うためには何を用意すればよいかを話し合ったところ、「土」が必要という答えが子どもたちから出てきました。そこで飼育用の土を購入して子どもたちに見せると、「土が手につくと臭い」といった感想がありました。

　こうしたじゃがいも掘りやカブトムシの飼育といった経験から、子どもたちから様々な疑問が出てきましたが、それらのうち「土には、どんな色や種類があるのだろう？」「どの土が臭いのかな？」「種類の違う土を、それぞれ水に溶かしてみたらどうなるのかな？」という探究の的が生まれ、探究していくことになりました。

保育者から行ったオープンクエスチョン

「土ってどんなところにある？　そこにはどんな土がある？」
「なぜ、土の中に虫がいるのかな？」
「なぜ、水によって土が流れるのだろう？」

子どもたちから出た疑問

「なんでいろいろな色の土があるのだろう？」
「なんで臭いにおいの土があるの？」
「土が水に溶けているから茶色の水になるのかな？」
「なんでサラサラの土と硬い土があるのかな？」
「なんで畑の土には、虫がたくさんいるの？」
「サラサラの土に水を入れると重くなるかな？」

子どもたちが見つけた探究の的

「土には、どんな色や種類があるのか？」
「どの土が臭いのか？」
「種類の違う土を水に溶かしてみたらどうなるのか？」

第 2 段階　探究する

土についての気づきや
疑問を書く姿

1. いろいろな土を調べて みよう

　土にはいろいろな種類があると気づいた子どもたち。そこで私は、子どもたちの身近にある土をじっくり見られるようにと、カップに入れて保育室に置いておくことにしました。花壇の土、畑の土、カブトムシ飼育用の土などです。

様々な土を
カップに入れる

じっくりと土を見つめる姿

　子どもたちはそれらのにおいを嗅ぎ、「臭い」土を見つけて大盛り上がり。みんなで大笑いしました。さらに、「においがしない土もある」という発見も。土のにおいのほか、土を触ったときの感触、土の色合いなどを、子どもたちそれぞれが確認、観察しました。そうした経験から、新たに「なぜこの土は臭いのかな？」「乾いている土と濡れている土は、なぜ色が違うんだろう？」「土が水に溶けているから茶色の水になるのかな？」「サラサラの土（を容器に入れて）に水を加えると重くなるの？」など、新たにたくさんの疑問も出てきました。

　また、土探しをする女の子が主人公の絵本『つちは どこ？』（坂井治［著］・福音館書店）を教室に置き、いつでも読めるようにしました。さらに、子どもたちが調べて分かったことを保育者に報告しに来てくれる度に、ウェブマップに情報を書き足しました。

環境構成の工夫

- ・花壇の土、畑の土、カブトムシ飼育用の土などをカップに入れて設置する。
- ・散歩の際には、スコップやバケツなどを持参する。
- ・土をテーマにした絵本『つちは どこ？』（坂井治［著］・福音館書店）を置く。
- ・土に関連した本を自由に読めるようにした。
- ・ウェブマップに情報を書き入れる。

2. 土に水を加えるとどうなるのか、観察してみよう

散歩に出かけた公園でも、さらさらの土を発見したり、水をかけると感触が変わることに気づいたりしました。「さらさら」「ベトベト」「ぐちゃぐちゃ」といった感触の違いを表す言葉も使うように。

そして保育室では、土が入った透明のカップに水を入れてかき混ぜることにしました。茶色になった水を見て、「ココアみたい」「（土が溶けて）土がなくなっちゃった」と口々に語る姿が。しかし、時間が経つとその水は透明に戻っていきました。しかも戻った後は水が何層にも分かれることや、それが大きな土、小さな土、水面に浮くゴミという順番であること、戻り方も土の種類によって違うことにも気づきました。

そうした層を「取り出してみたい」という意見が出て、泥状になった土を実際に触ってみると、「何かサラサラしている」「ぐちゃぐちゃだ」という感想が出てきました。また、「乾かしたらどうなるんだろう？」という疑問も生まれたため乾燥させてみると、ゴミと思っていたものの中からキラキラした石を見つけて「宝石だ」と喜ぶ子もいました。

実際に土の本で調べて「宝石」という言葉を見つけ、それに興味を持った女の子たちの中では、公園での宝石探しがブームになりました。こうして宝石の種類にも詳しくなり、保育室での宝石づくりも盛り上がっていったのです。

「土がなくなった？」

異なる土を水に混ぜて違いを見る

3. "つち博士"（高校の理科の先生）の話を聞いてみよう

子どもたちの土への興味は深まっていくものの、子どもたちの疑問はなかなか明らかになりませんでした。そこで、当初子どもたちから「土に詳しいと思う人」として意見が出ていた「学校の先生」にお話を聞いてみることにしました。周囲で探してみると高校の理科の先

生が見つかったため、事情を話しオンラインでお話しいただくことになりました。

　さっそく子どもたちに「"つち博士"にオンラインで質問ができるよ」と伝え、子どもたちに「"つち博士"にどんなことを聞きたい？」と尋ねました。子どもたちからは、「なぜ水に濡れると重くなるの？」「なぜ水を入れて時間が経つといろんな模様になるの？」「なぜ花や野菜は土じゃないと育たないの？」といった新たな疑問も出てきて、質問を文字にして書きました。

　オンラインでのお話の当日、子どもたちは"つち博士"の白衣姿に「おおっ」とどよめき、「つち博士だ！」と感激していました。子どもたちの「なんで、土の中に虫がいるのだろう？」という疑問に、"つち博士"から、「虫にとって畑はお家なんだよ。畑には、虫たちのごはんもあるから栄養も取れるし、虫のうんちが肥料になって、畑がよいものとなり、じゃがいもなどの野菜が丈夫に育つんだよ」という説明がありました。その他、地層や地震、マグマの話を聞いて子どもたちの興味は大きく広がりました。当初は"つち博士"が高校の先生ということもあって、子どもたちには内容が難しいかもしれないと心配していましたが、先生が事前に説明の仕方を練習するなどいろいろとご配慮くださったということもあり、子どもたちにもしっかり理解できた様子でした。その日の降園時、迎えに来たお家の人に、「なんで畑の土には虫がいるのか知ってる？」と問いかけ説明する姿も見られました。

"つち博士"に聞きたいことを書く

"つち博士"の説明を聞いた様子

行ったフィールドワークやゲストの招待

フィールドワーク：
- ・公園で様々な土を発見。
- ・公園での「宝石」探し。

ゲストの招待：
- ・高校の理科の先生から土に関する話を聞いた。

探究を振り返り表現する

1. 今度は自分たちが "つち博士"

"つち博士" からお話を聞いたことで、土への疑問が解消され、関心も薄れているように感じました。そこで私は、「これまでに学んだことを誰かにお話をしてみない?」と働きかけると、大人数の前で発表するのは恥ずかしいという気持ちもあり「少ない友達の前で発表したい」という声が上がりました。そこで、公園で一緒に砂遊びをした4歳児をいくつかのグループに分けてお話をすることにしました。

発表の場はいつもよく行く公園です。"つち博士" から聞いたことや、これまでやってきたことを、自分たちが "つち博士" になったつもりで説明しました。「湿っている土と乾いている土は重さが違うんだよ」と実際にやってみて説明したり、土の中に入っている「キラキラ」したものを探して示したりする姿がありました。

2. もっとたくさんの人に伝えたい

少ない人数の前で発表したことで、次は大勢の前で発表したいという意欲が湧いてきたようです。そこで次は、3歳児、4歳児のクラスで、土や畑の虫についての発表をすることになりました。

発表に向けてそれまでの探究を振り返ろうと思い、サークルタイムでは、「じゃがいも掘りのとき、土があったね」「公園で泥遊びをしたね」等きっかけとなる出来事を示すと、子どもたちは「手がベタベタになったんだよね」「おもしろかったね」と過去を思い出すとともに、どんなことをやってきたのか、どんな気づきがあったのか、次々と意見が出てきました。そして、年下の子どもたちにどんなふうに伝えたいかについても話し合いました。その結果、自分たちが実験したことや、"つち博士" に教えてもらったこと、土の中にいる虫について、絵や写真を使って発表することになりました。子どもたちは、クレヨンを使ってダンゴムシやハサミムシ、幼虫な

年下の子どもたちへの発表

どの絵を描いたり、大きな模造紙に絵の具で土の色を塗ったりと発表に向けた準備を進めていきました。

　そして発表当日、子どもたちは自分たちが"つち博士"になったつもりで3歳児・4歳児に説明をしました。発表で使ったものは、もちろん自分たちで考えつくった模造紙などです。

　水に土を溶かして「すぐのもの」「少し時間を置いたもの」「半日置いたもの」の写真を示して、「土に水を加えてしばらく置くと層ができる」という説明をしました。写真だけでなく、絵で描いたもので説明したり、土の中に含まれるキラキラしたものを年下の子に見せる姿もありました。5歳児は"つち博士"として学びを表現し、3・4歳児はそんなお兄さん・お姉さんの姿にあこがれを持って話を聞く姿がありました。

発表に向けた準備

土についての学びを発表

子どもたちの振り返り

・土は水を含むと重くなる。
・土は水を含むとサラサラしたり（乾いた土）とベタベタする（湿った土）。
・土には栄養があるので様々な虫がいる。
・土に水を加えてしばらくすると層ができる。

子どもたちの表現の場

- **今までに学んだことを、**
  小さい子（3歳児、4歳児）たちに伝えたい。
- **これまでに身につけた知識を、3歳児、4歳児に発表。**
- **図や写真を使い、分かりやすく説明。**
- **友達と力を合わせて発表の資料づくり。**

3. 発表の後も続く探究

　土への探究や年下の子どもたちへの発表を経て、土への理解を深めた子どもたちの間では、その後も卒園時まで土の話題が継続していきました。具体的には、発表の際に出た「化石は出てこないの？」という4歳児からの質問を受けて、後日、公園で化石を探してみたり、「土が固まっている！」と地面に見つけた霜柱に興味を持ったり、手に取ると霜柱が冷たいことや溶けていくことを発見したりし、土や砂の温度にも興味を持つようになりました。

　子どもたちはこうした一連の活動を通して、ふと疑問に思ったことに対して「調べてみよう」「試してみよう」という姿が見られるようになりました。また、協力して試したり調べたりする姿も現れ、共通の目的に向かって協力するという姿が見られたことは、大きな成長として実感しています。

土の温度を
感じている様子

身近なことへの探究から社会とつながる

　子どもたちは日々、様々なものに触れています。しかし、触れているだけで意識したり、自覚したりしていないことが多々あります。今回の事例もそうです。きっと子どもたちはこれまでにも、場所によって色や感触が違う「土」、水を含むと重くなった「土」に出合っていたはずです。しかし、それに気づかず素通りしてきたように思うのです。「土」以外にも、様々なものごとに触れていますが、自覚に至らないまま過ごしていることは多いでしょう。

　しかし保育者が、子どものふとした発見や疑問を丁寧に拾い、それをほかの子どもにも共有したり、問いかけたりすることで、子どもたちはものごとに自覚的に向き合い始めます。

　保育は、派手で見ごたえのあることを目指すものではありません。子どもが身近なものごとに試行錯誤して関わる中で、楽しんだり気づいたり発見したり疑問を持って解決しようとしたりするプロセスであり、そういった行為を通じて子どもは社会を広げていくのです。そしてそのプロセスでは、他者と対話したり、共通の目的に向かってともに取り組んだりしながら、社会性も身につけていきます。

　つながる保育には、子どもの身近なものごとへの興味・関心を出発点に、保育者が活動をデザインしていくヒントがたくさん詰まっているのです。

第1段階　問いが持つ力強さ

　子どもたちが何かを体験したとき、「振り返る」ことがとても重要になります。担任の高橋さんは、じゃがいも掘りの後、子どもたちと土について話し合う場を設けています。このとき、「じゃがいも掘り、何が楽しかった?」と聞けば、子どもたちはじゃがいも掘りの何が楽しかったかを振り返ろうとするでしょう。しかし高橋さんは、子どもたちが「土」に興味を持ったことを見取ったため、「土」にフォーカスした問いを投げかけています。だからこそ子どもたちは、「土」について発見したことや疑問に思ったことを出し合い、より「土」への関心が高まっていったのです。

　子どもたちの「体験」は、何らかの学びにつながったとき「経験」となっていきます。つまり、何かを「体験」したとしても振り返ることなく過ぎ去っていくならば「体験」にとどまり、振り返りによって何らかの学びや気づきを得ることで「経験」となっていくのです。そう考えると、保育者が振り返りの場でどのような問いを投げかけるかはとても大切です。

　また、子どもたちからたくさんの疑問が出ましたが、高橋さんは、子どもなりの探究によって答えが見つかりそうか、おもしろい探究になりそうか、といった視点で探究の的を絞り込んでいます。しかも強引に絞り込むのではなく、子どもとの対話の中で絞り込んでいく点に、保育者としての教育的な意図性や保育のデザインが潜んでいると言えるでしょう。

第2段階　身近に触れられる環境づくり

　土に興味を持った子どもたちではありましたが、都会の中にあるこのレイモンド田無保育園には園庭がなく、日常的に土に触れるのは難しい状況にありました。そこで高橋さんは、保育室の中で土に触れられる環境構成を行っています。そして、子どもたちから出た「場所によって土が違う」という気づきを生かして、様々な土を用意しています。

　こういった環境構成により、子どもたちの日常的に土に触れたり観察したりする姿につながりました。身近に「土」があるからこそ、図鑑を持ち出してきて見比べることもできています。このように保育室の中にプロジェクトコーナーをつくって、子どもの興味・関心のあるものごとに身近に触れられる環境づくりは、つながる保育を進めるうえでとても大切になってきます。

　また、オンラインで"つち博士"に話を聞けるようになった際、高橋さんは子どもたちに、"つち博士"に聞きたいことを整理するよう促しています。こうすることで、単なるイベントではなく、目的と意欲を持ってその場に参加することが可能になっていると言えるでしょう。

第3段階　子どもの主体性を引き出す「参画」

　"つち博士"にあこがれを持った子どもたちの学びの表現は、少人数の発表から、大人数への発表へと移っています。少人数の友達の前で発表した経験が自信になり、「次はもっと大勢の前で発表したい」と子どもたち自身が考えた結果です。保育者から一方的に決められたのではなく、自分たちで決めたからこそ、主体的な発表の場になっていったと言えます。

　保育の場では、ついつい保育者が一方的に決めそうになることもあるでしょう。しかし、何をするか大人が決めて子どもがそれに関わる「参加」と、何をするかは子どもが決める、あるいは決めるプロセスに子どもも関わっている「参画」では、子どもたちの主体性に大きな違いが生まれてきます(P.17 参照)。高橋さんによる子どもの主体性を引き出す関わりがあったからこそ、発表の日以降も、土への探究が続いていったと言えるでしょう。

本実践のまとめ

　これは、いつも身近にあるけれどじっくり観察したり触れたりしたことのなかった「土」について、子どもたちが探究していった事例です。「土」への「なんだろう」が高まる問いを投げかけたり、対話したり、環境構成をしたりすることで、子どもたちの探究が深まっていく様子が感じ取れます。また、こうした一連の探究の中で、"つち博士"に聞きたいことを文字で書いてみたり、年下の子どもたちへの発表に向けて、絵や図、文字で表したりと、知識及び技能の基礎を育むことにもつながっています。子どもたちの身の周りには、探究しがいのある事柄がたくさんあります。ちょっとした子どもの気づきや発見を丁寧に拾い、探究の的にしていくことで、子どもたちの身の周りの環境への関わり方が変わり、社会を広げていくことにつながるでしょう。

Section
05

レイモンド下高井戸保育園（東京都杉並区）

星屋愛埋

どうしたら高く積めるのか

 年齢 │ 4・5歳児　 人数 │ 15名　 実施時期 │ 5月〜2月

活動の概要

段ボール箱を高く積むことへの興味から、"積む" ということに熱中し始めた子どもたち。しかし、なかなか安定して高くすることができません。「高く積むにはどうすればいいのだろう?」と試行錯誤しながら、"積み木博士" を園に招いたことで、高く積む方法だけでなく、様々な積み方を知ることに。これをきっかけに "積む" ことがさらに活発になって、生活発表会の場では保護者に自分たちのつくったものを誇らしげに紹介する姿につながりました。

つながる保育の ## 3 段階

段ボールを積んで楽しむ

子どもに見られた主な

幼児期の終わりまでに 育ってほしい姿

第 1 段階

テーマやトピックを 見つける・決める

段ボール箱を積む楽しさ、崩れる楽しさを感じながら、積むということに興味を持った子どもたち。しかし、少し高くなると崩れてしまうもどかしさ。「高く積むには?」と話し合うと、子どもたちから様々な意見が出てきて、「崩れにくくするにはどうしたらいいだろう」という探究の的につながった。

言葉による伝え合い

うまくいった積み方や自分の考えを言葉で伝えたり、相手の話を聞いて取り入れたりと、言葉によるやりとりを通して創意工夫する姿につながりました。

探究する

高く積めなくても友達と意見を交わしながらチャレンジを続け、背丈ほどまで積むようになった子どもたち。しかし、高くなると崩れてしまうことも多く、「もっと高く積むには?」と"積み木博士"を園に招いて話を聞くことに。博士との交流でさらに活発に積む姿へ。

探究を振り返り表現する

「ぱちん!」(生活発表会)に向けて積み木チームが結成された。大きなものをつくって、お父さんやお母さんにも見せたい。まち探検にも出てまちにある大きなものを発見し、それらをヒントに積み木やブロックでまちづくり。自分たちの作品を保護者に誇らしげに語り、保護者も驚く学びの姿へ。

▼ 思考力の芽生え

「高く積むためにはどうしたらいいのか?」を解決するため、積み方、置き方、使うもの、子どもたちは経験と紐づけながら仮説を立てて思考する姿がありました。

▼ 協同性

一人で積む姿から、役割分担をしたり、イメージを共有して協同して積もうとしたりする姿へ。その姿は「ぱちん!」(生活発表会)での協同制作にもつながりました。

テーマや
トピックを見つける・決める

1. 段ボール箱を高く積みたい

　ある日の活動で段ボール箱に色を塗って遊んだの
ですが、子どもたちがそれで何かを表現し始めるの
ではないかと思い、園のホールにさりげなく段ボー
ルを置いておきました。すると子どもたちは、叩い
て音を楽しんだり、手についた絵の具を箱につけて
みたり。そんな中、年長児のH君が、箱を積み始
め、崩れるおもし
ろさを味わいなが

協力して
高く積もうとする様子

サークルタイムで
話し合っている様子

らも、高く積むことにおもしろさを見出して
いました。周りにいた子どもたちも次第に「やってみたい」
と興味を示し、積み上げるH君に箱を渡したり、崩れな
いように支えていたりと、協力し合う姿が見られました。
　高くなっていくおもしろさ、崩れそうなスリルを感じな
がら、崩れては何度も積み上げる子どもたちの様子を見
て、私は保育室に日常的に段ボール箱を置いてみること
にしたのです。

2. 高く積むにはどうすれば
いいのか考えてみよう

　子どもたちは、保育室の中で段ボール箱を高く積む遊
びに熱中し始めました。もっと高くしたいと箱を投げて
積もうとする姿も見られた一方で、壁に立てかけるよう
に積んでみたり、手が届かなくなると平均台に乗って積
もうとしたり、箱を渡す子と積む子の役割分担が生ま
れたりして、子どもたちの試行錯誤が始まりました。ま
た、段ボール箱だけでなく積み木やカプラなどいろい
ろなものを高く積もうとする姿も現れました。

投げて高く積もうとする

壁に立てかけて
高く積もうとする

しかし、ある程度積んでも崩れてしまうことが多かったため、イーゼルに「たかくつむ」と記し、「高く積むにはどうしたらいいんだろう？」とサークルタイムで問いかけました。すると子どもたちから、「真剣にやれば高く積めると思う」「真剣にやっても倒れちゃうよ」「四角にしたら倒れにくくなるんじゃない？」「手で押さえていれば倒れないかも」「大型積み木で壁をつくればいいと思う」など、自分の経験をもとに様々な意見が出てきました。私はそれらの意見をウェブマップとして書き留めていき、子どもたちが言葉としても見られるようにしていきました。

そして私が「三角形に積むか、逆三角形や四角に積むか、どうすれば一番高くできるかな？」と、絵を描きながら子どもたちに聞くと、子どもたちは「僕は四角！だってそれが一番高くできたから！」「壁に三角（直角）に積んでいくと倒れにくそう」など、それぞれイメージが膨らんできたようです。

また、最初は高く積むことばかりに着目していた子どもたちですが、話し合いを進めるうちに「崩れにくくするにはどうすればいいんだろう？」と問いが変わっていきました。

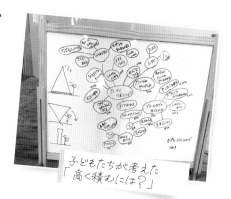
子どもたちが考えた
「高く積むには？」

保育者から行ったオープンクエスチョン

「高く積むにはどうすればいいんだろう？」
「どのような積み方をすれば一番高くできるかな？」

子どもたちから出た疑問

「四角にしたら倒れにくくなるんじゃないかな？」
「手で押さえていれば倒れないかも」

子どもたちが見つけた探究の的

崩れにくくするにはどうすればいいんだろう？

探究する

1. 自分の考えた方法で積んでみよう

「高く積むには？」「崩れにくくするには？」と話し合った翌日。それぞれが考えた方法をさっそく実行してみることに。子どもたちは、高く積むのに必要だと思う積み木やカプラ、玩具などを集めてきて思い思いに積み始めました。

高く積むには？ を試す

ある子は高くすることを優先したのか、カプラの側面が床に接するように積み始めました。崩れないよう慎重に置くものの、何度やっても途中で崩れてしまいます。周りを見てみると、カプラの広い平面部分が床に接するよう積む友達を見つけ「これは横にしてやるの？」と聞いていました。すると、「そう！こうすればできるよ！でも真剣にしゃべらずにやらないとすぐ崩れちゃうからね」とアドバイスをもらい、それを取り入れる姿がありました。

また別の子は、「うまくいかない」を繰り返すうちに、カプラを四角柱のように積み上げていく方法を見つけました。順調に高くなっていったのですが、それでもある程度の高さになると崩れてしまい、「あー！　なんで崩れるの！」と落ち込む様子も。しかし、友達から「もう一回やってみよう」と言われ、気を取り直して再開。すると積み上げる中段で、カプラの広い平面部分を敷き詰めて踊り場をつくることを思いつき、「これならいけるかも！」と根気強く続けた結果、高さが1メートルほどにもなったのです。そして、周囲の子どもたちにもその方法を伝え始めました。

このように子どもたちは、積み方や土台のつくり方など、それぞれが発見した方法を伝え合ったり協力したりして、大きな作品をつくり始めるようになったのです。しかし、ある程度の高さまで積めるようになったものの、やはり高くなると不安定さが増し、崩れてしまうことも少なくありませんでした。

環境構成の工夫

・保育室の積み木コーナーを充実。
・積み木コーナーに段ボール箱を切り抜いた破片を置き、積み木遊びで使用できるようにしておく。
・保育室に段ボール箱を設置し、いつでも積めるようにする。
・ホワイトボードにウェブマップを書く。

2. 崩れずに高く積む方法を知っている人は、どんな人だろう?

崩れずに高く積むことについて、さらに探究できるのではないかと考えた私は、「高く積む方法を知っている人はどんな人だと思う?」と子どもたちに問いかけてみました。すると、「おじいちゃん、おばあちゃんは何でも知っている」「(積み木やブロックの本に掲載されていた)積み木博士」「(前年度の卒園児でカプラで驚くような作品をつくっていた)お兄さん」といった意見が出てきました。

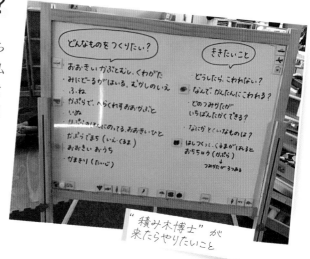

"積み木博士" が
来たらやりたいこと

当園の主任が"積み木博士"(おもちゃ屋の店主)と知り合いだったため、園に来ていただけることになりました。そこで子どもたちに、「"積み木博士"が来たらどんなものを一緒につくってみたい?」と聞いてみると、「カプラでカブトムシやクワガタをつくりたい」「大きいお家をつくってみたい」「船をつくりたい」といろいろな意見が出ました。また、"積み木博士"に聞いてみたいことを尋ねるといろいろ出てきたのですが、最終的に「なぜ(せっかく積み木を積んだのに)すぐ壊れてしまうのか?」「高く積み上げるにはどうすればいいのか?」を聞いてみよう、ということになりました。そして、こうした子どもたちの思いは、私から"積み木博士"に事前に伝えておきました。

3. 積み木博士との出会い

来園した "積み木博士" から、様々な積み木を使った作品や遊び方が紹介されました。マジックのように変化する積み木を見て、「すごい」「やってみたい！」と子どもたちは目を輝かせていました。

"積み木博士" の話を聞く

"積み木博士" と一緒につくって遊ぶ時間では、子どもたちが知りたがっていた「高く積み上げる方法」を教えてもらいました。

"積み木博士" から「積み木を横にして積む方法が一番安定するよ」「建物をつくるときには、四角いのをつくって組み立てるといいよ」と実際につくりながら教えてもらうと、子どもたちはすぐに「やってみる！」「これならできそう」と挑戦していました。"積み木博士" に教えてもらった方法でつくる子もいましたが、つくっていくうちに自分のアイデアも取り入れて工夫する子もいました。

高く積む方法の実演を見る

"積み木博士" の話を聞いたことがきっかけとなり、子どもたちの遊びはより一層深まっていったのです。

教わった方法を生かして高く積んでみる

行ったフィールドワークやゲストの招待

ゲストの招待：
- "積み木博士"から高く積み上げる方法、崩れない方法を教えてもらう。
- "積み木博士"に聞きたいことをあらかじめ整理しておく。
- 今までの流れと趣旨、子どもたちが聞きたいことを、
  あらかじめ"積み木博士"に伝えておく。

探究を振り返り表現する

1. 「ぱちん！」（生活発表会）で積み木で大きなものを表現したい

当園では毎年2月頃に、子どもたちの好きなことや興味・関心のあることを発表する生活発表会として、「ぱちん！」という行事があります。それぞれの興味に応じてチームをつくり取り組んでいくのですが、今年は「虫チーム」「音楽チーム」、そして「積み木チーム」ができ上がりました。

高く積む表現へ

積み木チームのメンバーに「どんなことをしてみたい？」「どんなことをお父さんやお母さんに見せたい？」と問うと、「大きな家」「まち」「東京タワー」といった意見が出ました。そして、自分の思いを主張するだけでなく、「みんなどうする？」「こんなのをつくろう」と友達の考えを聞いて調整しようとしたり、気持ちを共有したりする姿も現れました。

また、園の中にどんな積み木があるのか興味が湧いてきて、ほかのクラスにある積み木を見て回ることに。すると見たことのない積み木を発見し、「これ使いたい」「これ組み合わせたら高くなりそう」とイメージを広げ、意見を交わしていました。

子どもたちの振り返り

- 様々な積み方がある。
- ぐちゃぐちゃではなく、まっすぐ積むと崩れにくくなる。
- 横ではなくレンガのように互い違いに積んでいくことで崩れにくく、高くなっていく。
- おもちゃの箱などを組み合わせることで、より高くなっていく。
- まちには様々な高いものがある。
- 「ぱちん！」で、これまでに知った積み方で作品をつくり、お父さんやお母さんに見せたい。

2. 自分の作品からみんなの作品へ

「ぱちん！」では何をつくるのかという話し合いの結果、「まち」というテーマでそれぞれがつくりたいものをつくることとなり、日常的な遊びの中でも、積み木遊びがさらに活発になりました。"積み木博士"に教わった方法も取り入れながら、はじめはそれぞれが個別につくっていたのですが、作品が大きくなるにつれて「ここをつなげよう」「これを家にしよう」とそれぞれの作品がつながり合い、まさに街になっていきました。

また、子どもの様子を見ていた園長が、積み木やブロックだけでなく「（積み木の入っていた）箱も使えるよ」と伝えると、箱と箱に積み木で橋を架け、絵本『三びきのやぎのがらがらどん』

街中にある
高いものを探しに行く

（マーシャ・ブラウン［絵］・せたていじ［訳］・福音館書店）の世界を再現しようと、ヤギの形の玩具を置いたり、トロル（おに）をつくったりする子も現れました。

さらに別の日には、まちへのイメージを深めるために、まち探検に出かけました。大きな木や、建物よりも高く伸びるクレーン車、電柱、球場のライト、鉄塔など、街中にある"高いもの"を実際に見て回りました。意識して歩いてみると、普段は見逃してしまうような風景の中にもたくさんの"高いもの"があり、子どもたちは「あそこにもあるよ！」と指さしながら、「（積み木で）つくりたい」などと想像を膨らませていました。

3. つくったものをみんなに見てもらおう

「ぱちん！」を3日後に控え、積み木チームの子どもたちはそれまでの経験を生かして作品づくりを始めました。保護者と同じような背丈まで積み上げた作品や、まちや家を再現した作品が並び、「ぱちん！」当日を迎えました。

子どもたちは自分たちがつくった作品を

「ぱちん！」に向けて
準備

150

保護者に見せたり、頑張ったところや工夫したところ、お気に入りのところ、そして、チームでの活動の内容などを伝えたりしていました。保護者の方々は作品や一生懸命に伝える子どもたちの姿を見て、「こんなにいろいろなものがつくれるようになったんだね」と驚いていました。

「ぱちん！」当日、
保護者につくったものを
説明している様子

子どもたちの表現の場

・積み木やブロックで「まち」をつくって、
　お父さんやお母さんに見てもらう。
・つくった作品の工夫したところなどを、自ら説明をする。

日常にあるつながる保育

つながる保育は何か特別なテーマで進めなければならない、そんな思いを持つ人もいるかもしれません。しかし、子どもたちに"特別な"テーマというものはありません。「なんだろう？」「どうしたら？」というワクワクが探究へのエネルギーであり、それは身近なところにゴロゴロ潜んでいるのです。

この事例でも、子どもたちが遊びの中で繰り返しやってきた「積む」という行為を、丁寧に見つめ、考え、対話し、深めているのが分かります。乳幼児期は身近なものごとに探究的に関わることで、身の周りの環境や社会との関わり方を身につけ、主体的で探究的な姿につながっていくのです。ただし、子どもだけに任せていてはそうした姿が現れにくいのも確かです。そこには、保育者のねらいに基づいた環境構成や、子どもの主体性を引き出す関わり、子ども同士をつなげる関わりが不可欠になります。

どの園にも積み木やブロックがありますが、園によって子どもたちの積み方やつくり出す作品は様々です。そこにはやはり、単に積み木で遊ばせているだけなのか、遊びが発展するよう保育者がしっかりと保育をデザインしているかの違いがあるように思います。この星屋さんの事例には、そういった発展的な遊びにつながるヒントがあると言えるでしょう。

第1段階　保育者の意図とつながる保育

星屋さんは、「子どもたちが何かを表現し始めるのではないか？」と予想し、色が塗られた段ボール箱をさりげなく置いています。星屋さんの予想通り、子どもたちは様々な方法で段ボール箱に関わり、H君の「積む」という行為に注目と協力が集まっていきます。

この様子を見た星屋さんは、子どもたちの興味・関心がそこにあることや、今後発展しそうであること、そして、おもしろい探究になるのではと予感し、保育室の中でも「積む」経験を積み重ねられるよう環境構成していますが、こうしたところに保育者の意図性を垣間見ることができます。

そして、ある程度積んでも崩れてしまう様子を見て、「高く積むには？」と子どもたちに問いかけています。その問いにより子どもたちの探究が深まっていくわけですが、裏を返すと良質な問いが子どもたちの探究につながるのです。特に幼児期においては、抽象的ではなく具体的な問いであること、難しすぎず簡単すぎない問いであることが探究につながります。

つながる保育は子どもの興味・関心や主体的な姿が大切になりますが、こうした保育者のさりげなくかつ意図的な関わりがそれを支えていると言えるでしょう。

第2段階　ゲストとの出会いをデザインする

第2段階では"積み木博士"が登場しますが、子どもたちと"積み木博士"の出会い方

は注目してほしいポイントです。保育者が一方的に「"積み木博士"を呼んできたよ」とするのではなく、「高く積む方法を知っている人はどんな人だと思う？」と子どもたちに問いかけ、子どもたちから出てきた意見が元になっています。つまり、何をするか（誰に話を聞くか）を大人が決めて子どもたちがそれに「参加」するのではなく、子どもたちが決める（または決める場所に立ち会う）「参画」することが大事になります（P.17 参照）。こうした「参画」は子どもたちの主体的な姿を引き出していくでしょう。

　そして、行き当たりばったりで話を聞くのではなく、"積み木博士"が来たらどんなことを聞いてみたいかを事前に話し合うとともに、その内容を星屋さんが"積み木博士"に事前に伝えています。園外のゲストが保育に参加する場合、ともすると子どもたちにとって難しすぎる話になってしまったり、子どもの興味・関心から外れた話になってしまうことがあります。しかしこの事例のようにすることで、子どもたちの「なんだろう？」が解決するゲストとの出会いをデザインすることができるのです。

第3段階　日常そのものがフィールドワーク

　生活発表会「ぱちん！」で、積み木やブロックを使って「まち」をつくろうということになりました。そして子どもたちは、まちへのイメージを深めるために、まち探検に出かけています。このフィールドワークによって、子どもたちのまちへの理解と"まちづくり"はより深まっていくわけです。しかし、「フィールドワークは第2段階では？」という疑問が生まれるかもしれません。たしかに本書では、フィールドワークを第2段階で取り上げていますが（P.73 参照）、つながる保育で示している3つの段階はその通り進めなければならないというものではありません。あくまでも見通しとしての位置づけであり、ゲストの招待やフィールドワークはどの段階でも展開されうるものです（P.88 参照）。なぜなら、子どもたちは日常的に園外活動に出かけ、様々なものを発見しています。それはまさにフィールドワークであり、どの段階でも見られる姿です。

　子どもたちが興味・関心を持って様々な人やものに関わりながら、螺旋的に探究していく姿こそ、つながる保育で大切にしたいポイントなのです。

本実践のまとめ

　同じ年齢の積み木遊びでも、園によって発展的な積み方をしているところもあれば、そうでない園もあります。その差は、園の物的環境はもちろん、人的環境としての保育者の関わりが大きく影響していると言えるでしょう。一見シンプルに見える「積む」という行為や「積み木」「ブロック」といった物的環境に、子どもたちがどのように向き合うか、その探究を支える一つのあり方を本事例が示しているように思います。子どもの姿を予想し、興味・関心の的を見つけ、意図的でさりげない保育者の関わりによって、子どもの探究を深めていく。まさにそうしたデザインの姿をこの事例から垣間見ることができるはずです。

レイモンド新三郷保育園（埼玉県三郷市）

籠島光哉・千葉今日子

お米は全部一緒じゃないの?

| 🎠 年齢 | 5歳児 | 🎈 人数 | 15名 | 📅 実施時期 | 6月〜2月 |

活動の概要

保育園の給食に"五農米"という、五所川原農林高等学校（青森県）の生徒が育てたお米が使われることに。子どもたちにそのことを伝えると、「お米って全部一緒じゃないの?」と疑問が生まれ、お米について調べてみることに。それぞれの家庭で食べているお米の品種や産地などを聞いてきたり、保護者や先生たちにインタビューしたり。そして、いくつかの品種のお米を食べ比べし、その味の違いを実感しました。さらに、それまでの活動でお米について学んだことを子どもたちが発表し、それを動画にまとめて保護者に見てもらいました。

つながる保育の 3 段階

探究した後に
お米を味わう

第1段階

テーマやトピックを見つける・決める

保育園の給食のお米が、1か月だけ高校生がつくったお米に変わることをきっかけに話し合いを進めたところ、「お米って全部一緒じゃないの?」という疑問が生まれた。そして、「お米にはどんな種類があるんだろう」という問いにつながり、子どもたちの探究が始まった。

子どもに見られた主な
幼児期の終わりまでに 育ってほしい姿

✓ 自立心

お米について自ら調べたり、切り抜きを持って来ようとしたり、インタビューしようとしたりするなど、主体的に行動する姿がありました。

第 2 段階

探究する

子どもたちが家で食べているお米を調べてみると、たくさんの種類があることに気がついた。様々な種類のお米を模造紙に表し、どのお米を食べているか保護者インタビューをして投票してもらうことに。高校生から送られたお米を食べるだけでなく、5種類のお米の食べ比べをして、お米に違いがあることを実感した。

第 3 段階

探究を振り返り表現する

生活発表会では「お米について学んだことを発表したい」と思った子どもたち。様々な品種や産地があり、値段も違うことなど、自分たちの学びを振り返り発表し合う場に。その様子を撮影して保護者に配信。また、高校生に自分たちで手紙を書いて郵送。分からないことがあったら調べようとする姿につながっている。

▼ 社会生活との関わり

保護者や担任以外の保育者、近隣農家さんなど、様々な人と関わり、社会とのつながりを持とうとする姿がありました。

▼ 数量や図形、標識や文字などへの関心・感覚

お米の種類や金額を表すパネル作成や、シール数で人数を表したり手紙を書いたりと、数量や文字などを生かそうとする姿がありました。

テーマや
トピックを見つける・決める

1. お米って全部一緒じゃないの？

　法人の取組として、保育園の給食に1か月間だけ五所川原農林高等学校の生徒たちがつくっているお米"五農米"が使われることになり、子どもたちは高校生のお兄さん・お姉さんが"五農米"について説明する動画を観ました。このお米は厳しい基準をクリアして生産され、国際基準「GLOBAL G.A.P. 認証」を取得、全日空（ANA）の国際線ファーストクラスの機内食に採用されたこともあるものでした。

違いについて話し合う

　しかし、見た目ではなかなかお米の違いが分かりません。そこで私たち保育者は、単にこのお米を食べるのではなく、お米に興味を持ったうえで食べてもらいたいと考えました。そこでまず、「同じように見えても違うものがある」ということに気づいてほしいという思いから、サークルタイムで軽自動車とスーパーカーの写真を子どもたちに見せ、同じ車だけど何が違うのだろうと問いかけました。すると子どもたちからは、「色が違う」「大きさが違う」「速さが違う」「エンジンが違う」「値段が違う」といった意見が出て、同じ車でも種類によって様々な違いがあることに気づきました。また、夏だったため飛行機で旅行に出かけた子どもたちもいたことから、飛行機の様々なグレードの座席写真を見せ、その違いについて考えました。そのうえで、高校生のお兄さんお姉さんがつくったお米が翌月の給食で出ること、そのお米が飛行機のファーストクラスのお米として使われたことを子どもたちに話しました。

給食に使われた
"五農米"

　すると子どもたちからは、「うちは『なんとかこまち』っていうお米を食べているよ」という声とともに、「お米って全部一緒じゃないの？」という疑問が生まれました。そうして「お米にはどんな種類があるんだろう？」という問いが生まれ、それが探究の的となって進んでいくことになりました。保育者は子どもたちに、家で食べているお米の名前について調べてくることを提案し、子どもたちの探究が始まりました。

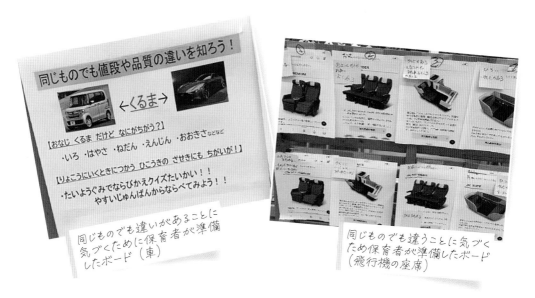

同じものでも違いがあることに気づくために保育者が準備したボード（車）

同じものでも違うことに気づくため保育者が準備したボード（飛行機の座席）

保育者から行ったオープンクエスチョン

「同じ車だけど何が違う？」
「同じ飛行機の座席だけど何が違う？」
「同じように見えるお米でも、どんな違いがあるのかな？」

子どもたちから出た疑問

「お米って全部一緒じゃないの？」

子どもたちが見つけた探究の的

お米にはどんな種類があるんだろう

探究する

1. どんなお米の種類があるか調べてみよう

数日後、サークルタイムの場面で、家で食べているお米について聞いてみると、様々なお米の名前が出てきました。そこで保育者は、大きな紙に子どもたちから出たお米の品種と発表した子どもの名前を書き込んでいきました。そのようにしてずらりと並んだお米の品種を見て子どもたちは、「お米は一種類だけじゃなくて、たくさんの種類があるね」「お家ごとに違うお米を食べているんだね」と驚いた様子。

こうして子どもたちのお米への興味は深まり、子どもたちの中には、お米が載った新聞の折り込みチラシを切り抜いてきたり、スーパーでお母さんにお米のパッケージ写真を撮ってもらってそれを持ってきたりする姿がありました。また、園の栄養士もお米のカタログを示して「こ

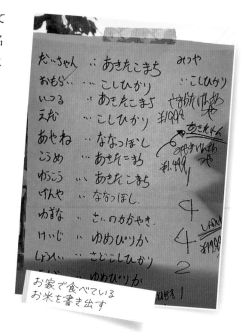

お家で食べているお米を書き出す

んな種類のお米があるよ」と情報提供してくれました。こうして、お米の種類を調べる活動の輪はどんどん広がっていきました。

そして子どもたちから、「クラスのみんなが食べているお米は分かったけど、園のみんなはどんなお米を食べているんだろう」「ほかのクラスのお父さんやお母さん、先生たちにも聞いてみたい」という意見が出ました。そ

お米について調べてきた様子

こで保育者から「大きな紙にいろんなお米の種類を書いて、食べているお米にシールを貼ってもらったらどう?」と提案し、実行することに。

まずは、模造紙に子どもたちが見つけた様々なお米のパッケージ写真を貼っていき、お米の種類がずらりと並んだパネルができ上がりました。保育者としては、いろいろな人と関わったり巻き込んだりして

はしいという願いを持っていたため、そ
れを園の玄関に面したホールに置くこと
を提案しました。すると子どもたちか
ら、単にパネルを置くだけでなく、イン
タビューしようという意見が出て、聞き取り係が生まれました。聞き取り係
の子どもたちは、パネルの前でお迎え
に来た保護者に話しかけ、「いまお米
について調べています」「どんなお米
を食べていますか?」とインタビュー

食べているお米に
シールを貼る

をしていました。およそ3時間もの間、夢中になって様々なお父さんやお母さん、
職員に聞き取りを行っていました。保護者からは「子どもたちだけでこんなに調べられるんだ」
と驚く声も聞かれました。

　その後、子どもたちはパネルに貼られたシールを数えて数字で表したり、お米の値段にも
興味を持ち、値段を調べて数字を書き入れたりする姿がありました。

　また当園では、日頃から隣に住んでいる農家さんと交流があり、田んぼでのどろんこ遊び、
納屋体験、芋ほり、餅つきをさせて頂いたりして、子どもたちにとって農家さんは身近な存
在になっています。そこで、このときも子どもたちは隣に住む農家さんのところへ行って、
いま自分たちがお米について調べていることを説明し、お米について尋ねました。すると農
家さんは、「埼玉県にも『彩のかがやき』という埼玉県独自のお米があるんだよ」と教えてく
れました。子どもたちは、お米にはいろいろな種類があるということを改めて実感している
様子でした。

保護者や保育者への
お米アンケート

実物のお米にも触れる

2. お米に興味を持つ "お米リーダー" の出現

　2人の子どもが、率先してパネルづくりや聞き取りに取り組んだり、ほかの子どもたちにも提案をしたりと、お米に強い興味・関心を持って取り組んでいたので、その子たちは「お米リーダー」と呼ばれるようになりました。

　お米リーダーは精米方法にも興味を持ちました。というのも、高校生から送られる "五農米" も普段園で使用しているお米も "金芽米※" と表示されていて、それはお米の種類だと思っていたのですが、精米方法を表す言葉だったからです。金芽米の精米方法を知ったお米リーダーは、紙を丸めてお米を再現し、それを折り紙で覆いました。その折り紙は精米によって削られる部分を表しており、お米リーダーはその手づくり模型を使って、ほかの子どもたちに "金芽米" について説明しました。子どもたちからは、「金芽米ってどんな味がするのかな?」という声が上がったり、お米リーダーに影響され「僕も調べたことを発表したいな」と言ったりするなど、新たに発見したお米の種類を友達に発表する姿にもつながりました。

　この頃になると保護者から、「これまでうちの子は『おもちゃ買って』と言ってたのに、最近は『○○っていうお米があって、それ食べたいから買って』と言われるんです」といった声や、「子どもから急に『○○っていうお米のことを知りたい』って言われて、私も楽しんで調べてます」といった声が聞かれるようになり、子どもの興味が保護者にも広がっていきました。

サークルタイムで話し合う

※金芽米とは、お米の栄養と旨み成分が多く含まれる「亜糊粉層(あこふんそう)」を残す「東洋ライス㈱」独自の精米技術。

環境構成の工夫

・お米のパッケージを印刷し、模造紙に貼り掲示する。
・子どもたちがお米について調べたことを模造紙に書き、掲示する。
・お米の模型などがつくれるよう、オープンエンドな素材を用意する。

3. お米を食べてみる

そして待ちに待った、給食に"五農米"が出る日。それまでお米について探究してきたからこそ、「どんな味だろう？」とワクワク感を持つ姿がありました。食べてみると、「すごくおいしい！」「よく噛むと、甘くなるね」「(普段食べているお米より)甘い」という意見が出てきました。そして、お椀についたお米を一粒も残さず食べようとする姿があちこちで見られました。

五農米を
おにぎりにして味わう

"五農米"を食べてみて、同じお米でも違いがあることを実感した子どもたちは、ほかのお米も食べてみたいという思いを持ち、中でもアンケートで回答の多かった"こしひかり"と食べ比べをしたいという意見が出てきました。保育者から、せっかくならほかの種類のお米も食べ比べてみようと提案したところ、子どもたちは園長先生にいろいろなお米を買ってほしいと要望しました。たくさんの種類だったこともあり、園長先生から「その中でもどれが食べたいの？もう少し選んでごらん」と言われ、話し合って5つのお米を選びました。その中には、園の隣に住む農家さんに聞いた埼玉県のお米も入っていました。

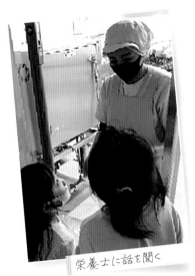
栄養士に話を聞く

そのようにして5つのお米を食べ比べすることに。子どもたちは、炊き上がったお米をじっと見つめ、見た目の違いを感じたり、食べてみて味の違いを感じようとしたりと真剣な様子。お米には様々な種類があるということを知識として知るだけでなく、食べても違いがあることを実感し、いつもの様子とは違って、お米をじっくりゆっくり深く味わって食べる姿がありました。

行ったフィールドワークやゲストの招待
・保護者や保育者に、どんなお米を食べているかのインタビュー調査。
・米づくりをしている農家さんに、
　どのような品種の米をつくっているか質問する。

探究を振り返り表現する

1. お米について、調べたことを伝えよう

当園では2月に生活発表会を行って
いて、自分たちが頑張ったことなどを
振り返り、それを友達や保護者に伝え
る場にしています。このときも保育者
から子どもたちに、「どんなことを発表
したい？」と尋ねると、「あやとり」「ベー
ゴマ」などの自分たちができるように
なったことに加えて、「お米のことも
発表したい」という意見が出てきま
した。そのほかにも、これまでに子

探究を振り返る

どもたちが調べてきた「雨の水って飲めるの？」「花火の色はどうやっ
てつくるの？」といった疑問について調べたことを発表しようということになりました。ただ、
コロナ禍でもあることから、子どもたちが発表する姿を撮影し、保護者には動画で見ていた
だくことにしました。

子どもたちは、お米のつくり方や、様々な品種や産地があること、同じ品種でも産地が異
なることがある、といったことを説明しました。また、お米を味わって食べること、大切に
食べることが大事だということを強調していました。

2. 高校生のお兄さん・お姉さんに 手紙を書こう

12月の段階では、子どもたちは紙
すきをして年賀状づくりをしたのです
が、「誰に送りたい？」と尋ねると、お
米をつくって送ってくれた高校生のお
兄さん・お姉さんに出したいという意
見が出て、年賀状を出しました。

そして生活発表会の後、私たち保育

年賀状を書く

者から「お兄さんやお姉さんにみんながこれまで学んできたことを伝えようと思うんだけど」と言うと、子どもたちは自分たちも手紙を書きたいと言い、手紙を書くことになりました。子どもたちはその手紙に「お米のことを好きになりました」「お米のことに詳しくなりました」「お米のことを教えてくれてありがとう」など、それぞれの思いを書いていました。

　今回の一連の活動で、私たち保育者はそれほど介入しませんでした。大人があまり手を貸さなかったからこそ、子どもたちは友達同士で話し合い、どんどん自分たちなりに調べる姿につながったように思います。その後も、お餅も米からできていることに興味を持ったり、日常生活でいろいろなことに興味を持ち、「なんでこうなっているんだろう？」と疑問を口にするようになりました。そして「今までいろいろなことを調べてきたから、きっとまた調べれば答えが見つかるよ」と自信を持って、様々なことに関心を持って学びを深めています。

もち米への興味

もち米にも広がる探究

子どもたちの振り返り

・お米には様々な品種や産地がある。
・お米の種類によって見た目や味が違う。
・お米の種類によって金額も違う。
・お米を味わって食べたり、大切に食べることが大事。

子どもたちの表現の場

・生活発表会で、お米のつくり方や、品種ごとの名前、産地などについて調べたことを発表。
・高校生のお兄さん・お姉さんに手紙を書く。

自分ごと化へのデザイン

　園での生活は、子どもの発案から出発するものばかりではありません。健康診断や避難訓練、小学校との交流といったことは、大人の側が設定する活動です。今回の、"五農米"が1か月間給食に出るということもそれにあたります。こうした活動に子どもが主体的に取り組むかどうかは、大人の側の保育のデザインにかかっているといっても過言ではありません。

　この事例では、見た目には違いが分かりにくい「お米」に、どのようにしたら子どもの興味・関心が向くだろうかという課題意識が出発点にあったように思います。だからこそ、籠島さんたちは、「なんだろう？」「どうしてだろう？」という問いが子どもの中に生まれるような工夫をしています。そうした導入や問いかけがあったからこそ、「お米って一緒じゃないの？」「お米にはどんな種類があるんだろう？」という探究の的とその後の探究につながったと言えるでしょう。

　まさに、大人の側が設定した活動であったとしても、それを子どもが自分ごと化できる活動デザインが大切であるということを物語る事例と言えます。

第1段階　気づきにつながる工夫

　籠島さんたちは、高校生がつくった"五農米"が給食で出ることを伝える前に、種類の違う車や飛行機座席の写真を用意し、それらを見せて「何が違う？」と問いかけています。それによって子どもたちは「同じものでも様々な種類がある」ということを理解しています。そのうえでお米の話をしているのですが、お米は車や飛行機座席のように、見た目の違いが分かりにくいため、子どもたちはお米に種類や違いがあることを理解しにくかったのではないでしょうか。しかしその後、ファーストクラスで使われたお米であることを伝えることで、子どもたちでも理解できるような導入が図られています。そして「うちは『なんとかこまち』っていうお米を食べているよ」という発言から、「お米って全部一緒じゃないの？」という疑問が際立ち、「お米にはどんな種類があるんだろう？」という問いにつながっていったと言えるでしょう。

　このように、大人の側が用意した活動を進める場合においても、それらをどのようにしたら子どもたちが自分ごと化できるだろうと事前に構想し、準備しておくことで、子どもたちにとってやらされる活動ではなく、興味・関心が芽生えるやりたい活動に変わっていくのです。

第2段階　子どもたちの学びを開く

　たくさんのお米の種類を表したパネルは、保育園の玄関に面するホールに置かれることになりました。これには、子どもたちの学びをクラス内に閉じることなく、ほかのクラスや保育者、

保護者にも開いていきたいという籠島さんたちの意図がありました。その意図は、過去の活動における「もっとほかのクラスとも関われたらよかった」という前向きな反省を踏まえてのことのようです。パネルを誰もが通る場所に置くことで、その活動に興味を持ってもらい、シールを貼るという参加型の取組にすることで、様々な人と関わりを持つことにつながっています。そうすることで子どもたちは、お米について調べることがさらに楽しくなり、自己有能感を持つことにもつながっていると言えるでしょう。だからこそ、家庭でもお米について話したり、「○○っていうお米があって、それ食べたいから買って」とお願いをしたりする姿につながっているように思います。

　保育者が、子どもたちが誰とどのような関わりを持ってほしいかと願い、それが実現できるようさりげなく環境構成しながら子どもたちと関わることで、子どもたちの学びが深化していくと言えるでしょう。

第3段階　振り返りの場としての生活発表会

　籠島さんたちは、子どもたちに生活発表会で「どんなことを発表したい？」と尋ねています。そこには、生活発表会は保育者が見せたいことを見せる場ではなく、保護者に見せることが目的でもないという明確なねらいを感じることができます。そして、生活発表会をすること自体が目的でなく、生活発表会という場を活用して子どもたちが自分たちの学びの軌跡を振り返り、表現することに主眼が置かれています。

　こうした振り返りによって、子どもたちの学びは定着します。同じ活動をしたとしても、振り返りの場があるのとないのとでは、大きな違いがあります。サークルタイム等で日々の活動を振り返るのはもちろん、一連の活動を通して振り返ることで、一つひとつの活動の意味が改めて浮かび上がってきたり、新たな気づきが生まれたりします。

　主役はあくまでも子どもたちであり、保育者は子どもたちの振り返りや表現を、意図的にしかしさりげなくサポートする役割と言えるでしょう。

本実践のまとめ

　この事例は、高校生がつくったお米を食べるという大人が用意した活動で、しかも、子どもにとってその違いが分かりにくい「お米」を対象にした活動です。一見、子どもたちが自分ごと化しにくいように思うのですが、担任の籠島さんたちの工夫により、お米について興味・関心を持ち、様々に探究する姿につながっています。そして、お父さんやお母さんらも巻き込んだ展開を見せています。

　どのような環境を用意し、どのような問いを投げかけたら、子どもたちがその対象を自分ごと化できるか？　そういった事前の予想と準備の大切さを物語っていると言えるでしょう。そして、事前の保育デザインに固執することなく、実践中の子どもたちとの柔軟なやりとりを保育者自身が楽しむことで、保育がより豊かになっているように思います。

つながる保育とICT

　つながる保育を進めるうえではICTの活用も効果的です。例えば、その一つにマイクロスコープがあります。マイクロスコープとはデジタル顕微鏡のことで、パソコンやタブレットと接続すれば画面やスクリーンに対象物を大きく映し出すことのできる、子どもたちにとっては魔法のようなアイテムです。

　マイクロスコープを使って、肉眼では見ることのできない様子を発見すると、「うわっ」「すごい」「こんなになってんの！」と子どもたちの歓声が響き渡ります。

　とあるクラスでカタツムリを飼っていた際、マイクロスコープで確認してみることにしました。子どもたちは、卵から孵ったばかりの小さなカタツムリにマイクロスコープを当ててみると、すでに角があることを発見しました。また、虫かごの中に落ちている物体を拡大し、「この赤いブツブツはなんだ！」と思って調べると、それが「うんち」であることや「食べたものによってうんちの色が変わる」ことを知っていきました。

　そのほかにも、葉っぱを観察し「小さな毛がたくさんある葉っぱと、毛のないつるんとした葉っぱがある」ことを発見したり、自分の皮膚を観察して「手には模様がある！」ということにも気づきました。こうした発見や驚き・学びをお互いに共有し、「それってどういうこと？」「なぜだろう？」と話し合う様子は大人顔負けです。

　普段見ているものの新たな側面を知ることができるマイクロスコープは、子どもたちの

マイクロスコープで調べる

対話や探究を促し、自分なりの考えを導き出すといった豊かな思考のプロセスに導いてくれるでしょう。

　ICTを保育に導入することに抵抗を感じるかもしれませんが、アメリカでは、1990年代には、幼児期の子どもに適切にテクノロジーを使うことで認知能力や社会的な能力を高めることが示されていたり、イギリスでも2000年代はじめから、就学前教育でのパソコンなど新しいメディア導入が位置づけられているのです。日本では、2017年に改訂された幼稚園教育要領で、幼稚園生活で得難い体験を補完するものとしての情報機器のあり方が示されています。

　保育に導入できそうなICTとして、マイクロスコープのほかにも、デジタルカメラ、タブレット、パソコン、プロジェクターなどがありますが、それらを使うことを目的にするのではなく、子どもの探究が深まるという視点で導入してみるのはいかがでしょうか。子どもたちは私たち大人の抵抗感を飛び越えて、あっという間に使いこなし、私たち保育者を驚かせるように思います。

第4章

つながる保育
実践者座談会

第3章の実践者と大豆生田啓友先生（玉川大学）が
それぞれの実践の裏側について語ります。

玉川大学教育学部 乳幼児発達学科 教授
大豆生田啓友

レイモンド南町田保育園 保育士
佐藤由加

レイモンドあしびなー保育園 保育士
安達麻菜

レイモンド下高井戸保育園 保育士
星屋愛理

社会福祉法人檸檬会 副理事長
青木一永

子どもたちから
生まれたテーマ

青木 今日はつながる保育について、いろいろな切り口からお話をしてみたいと思います。ここに集まった3名の実践を大豆生田先生にもご覧いただきましたが、いかがでしたか。

大豆生田 3つともとてもおもしろく、子どもたちの探究プロセスが豊かな保育は、やはりよいですね。しかも、それぞれテーマの種類も生まれ方も違うということもおもしろい点です。

　例えば佐藤さんの実践では、子どもたちの会話から出てきた「竜巻」という言葉が起点になっている。星屋さんの「高く積むには?」という実践は、「こんなふうに環境構成したら子どもたちはどんな反応を示すかな?」という保育者からのアプローチが起点で、安達さんは「海を年間テーマにしよう」ということが背景にあって、それが子どもの声とつながったということですよね。このようにテーマの種類も多様だし、生まれ方も多様だというところが、おもしろくて興味深いなと思いました。そして、保育が進むにつれてテーマもずれていったりしますよね。その辺りの様子も非常におもしろいですね。

テーマの多様性

青木 テーマがどう出てくるかとか、どうずれていくかといったところは、悩みどころの一つではなかったかと思います。いかがですか。

安達 あしびなー園は海のことを知らせようとしていたのですが、それをテーマに

するかどうかは子どもたちの興味次第だと思っていました。子どもたちは、海についていろいろな知識をすでに持っているだろうし、テレビから得た情報などもあるので、もしかしたら海賊にいくかもとか、魚屋さんや魚釣りなど、そういう話になるかなと考えていたのですが、どう興味を持ってもいいように、最初の段階でたくさんの案を出して予想していました。でも、まさかここに来るとは、という感じではありましたね。

青木 海が年間テーマだというのは、子どもたちには伝えていたのですか。

安達 伝えてはいないです。ただ、サークルタイムで海に関する話題を入れたり、海に関する写真などの資料を保育室に置いたりして、子どもが海について触れる環境づくりを行っていました。そのうえで、子どもたちが遊びの中でどう展開していくかを見守っていこうと思っていました。ただ、これが本当に探究的な保育になっていくかというのは予想がつかなかったので、私の中では別のテーマもいろいろと用意していましたね。

星屋 「高く積む」というテーマは、保育者としての願いが強かったように思います。ですので、うまく遊びにつながりそうと思ったけどブームが1回去ったことがあって、どうしようかなと思っていたのですが、ポッと子どもたちから遊びが生まれて、ほかの遊びと組み合わさって高く積むことが始まったんです。1回テーマは消えたけれども、気持ちがまた復活したというか、また熱量が出てきたのだなと思って、そこで保育者がいろいろ準備して、また盛り上がって続くようになりました。

佐藤 私の場合は、サークルタイムでの子どもの様子を見てて、「もうこのテーマしか

ないな」という状況でした。ただ、竜巻というテーマは難しすぎるのではないかとか、協同的な活動にどうつながるのだろうという不安はありました。

青木　「もうこのテーマしかないな」と思わせたサークルタイムでの子どもの様子とはどんな姿だったんですか？

佐藤　何をきっかけに竜巻の話になったのかあまり覚えていないのですが、子どもたちが自分の知っていることをポンポン言って盛り上がり、翌日のサークルタイムでも「今日も、竜巻の話をしよう」と子どもたちから言ってきたんです。子どもたちは家でもその話をしていたようで、お家の人と話した内容も教えてくれて、話し合いが何日も続いたんですよね。だから、子どもたちの今の興味は竜巻だな、このテーマしかないなと。

大豆生田　それぞれのテーマの生まれ方の違いはやはりおもしろいですね。しかも、こうやって話すことで、テーマの生まれ方を共有するという点にも価値があります。

プロジェクト型の保育では、テーマのパターンが決まっている、決まってきてしまう、という傾向もあるのですが、3名ともその内容も生まれ方も多様です。

実はこのプロジェクト型の保育は、大正時代に倉橋惣三がアメリカの保育実践を参考に日本に紹介したのです。しかし倉橋は当初、アメリカでプロジェクト活動を見たときに葛藤も感じていたのだと思います。それは、ともすると、子どものプロジェクトではなく、大人の意図するプロジェクトになりかねないと考えたからでしょう。倉橋は、『幼稚園真諦』という本の中で誘導保育論を提唱するわけですが、子どもの「さながらの生活」を強調し、遊びの延長線上に「誘導」（プロジェクト）を位置づけたのです。

なぜなら、それは結局大人がテーマをつくっていたから倉橋はわざわざ『幼稚園真諦』という本で誘導保育論を示し、子どもたちの遊びの中からテーマが生まれてくるということを言ったわけですね。当時、そのような実践の理解を得るのは簡単ではな

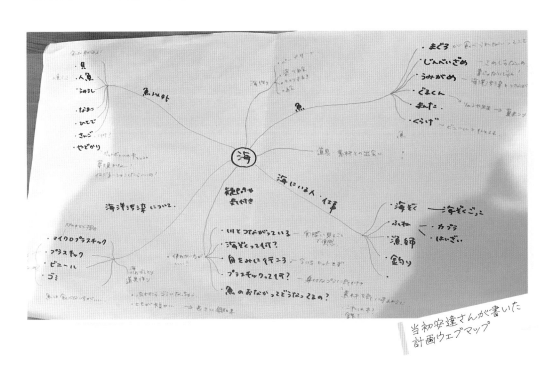

当初安達さんが書いた
計画ウェブマップ

佐藤さんと子どもたちの
サークルタイム

かったのでしょう。そのため、子ども主体のプロジェクトを生み出していくという実践は必ずしも広がらなかったのかもしれません。しかし倉橋には、それについても葛藤があったようで、最後には、あまりテーマは決めなくていいのではないかと考えるようになり、その後プロジェクト型の保育はあまり表に出なくなっていったわけです。

しかし、こうやってみなさんの話を聞くと、まさに子どもの主体的なプロジェクトが生み出されていることが分かり、とてもうれしく思います。しかも、その活動のテーマが起こる出発点は遊びや生活の中の様々な場にあるのだということがよく分かります。

テーマが揺れたらどうするか

大豆生田 保育が展開していくうちに、最初にイメージしていたテーマも変わっていったりして、きっと悩みましたよね。「これ、どっち行っちゃうの。ここって、もうちょっと私が関わったほうがいいの？ それとも待っていたほうがいいの？」とか。

星屋 子どもたちと「どうやったら高く積める？」と話し合った際、「真剣にやればできる」「手で押さえれば倒れない」という意見が出てきて、大人の私としては「それでは難しいんだけどなあ」と葛藤していました。

そこから紆余曲折はあったのですが、私が「○○ちゃんはこうやって積んでいたよね」と絵を描いてみると、そこからいろいろな積み方のパターンが出てきたので、「みんなならどれやる？」と問いかけて、進んでいきましたね。

「これは私が言っていいのかな」というためらいもあったのですが、大人からのきっかけで、子どもたちも「じゃあ、こうやってみる」と始まって、新しい考えや気づきにつながったようです。

大豆生田 子どもたちから出てきた声や姿を見える化するのは効果的ですよね。それ

は保育者が引っ張るというよりは、「他者がどんなふうにやっているか」に意識を向けさせることになります。サークルタイムみたいな場面で、ほかの子はどうやっているかということを見える化することで、子どもたちはちゃんと考える。自分はどうするかとか、どうしたいかということを考えるきっかけになっていますね。

安達　私も、揺れや波はかなりあって、何度かターニングポイントになるようなサークルタイムがありました。そこでは、子どもたちの意見がワーッと出てきて、その後の動きもとても早く、「じゃあ、次これやろう」と、パッパッと行動につながる感じでした。そうした展開になると、大人が何もしなくても子どもたちがどんどん進めていく感じで、勢いが増すというか。

ただ、子どもたちは道具をつくって川のゴミを取ろうと何度もチャレンジするのですが、全然取れなくて。それでも子どもた

ちは、その行為自体がとても楽しくて満足していたようです。実は、そこで誰よりも揺れていたのは私でした。「ゴミを取れなくていいのか、このまま終わっていいのか」という葛藤を抱えていた私は、「魚捕り用の大きな網を買ってきてゴミ取りをするのはどうだろう」「川のゴミではなく道路のゴミ拾いに変更してはどうだろう」とか、何とか子どもたちにゴミを取らせてあげたいといろいろ案を出して園長に相談したとき、園長から「子どもたちが望んでいるのってそういうことだった？」と言われてハッとしました。子どもたちは何がしたかったのかと原点に戻って気持ちを整理していたら、急に子どもたちから「続きをやりたい」という声が出て、またスタートしたのです。

何がきっかけで再燃したかは分からないのですが、あそこで踏みとどまれたのは大事なポイントだったな、揺れてよかったなと思います。そして、次の展開を予想したり、

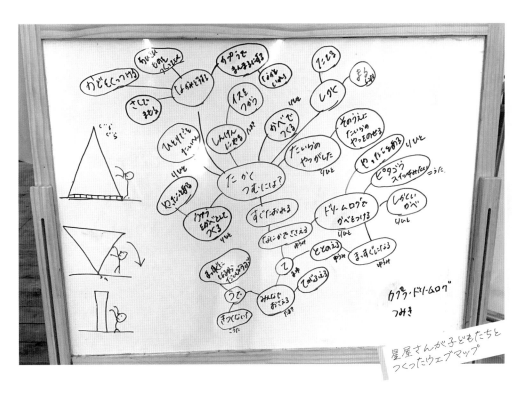

星屋さんが子どもたちとつくったウェブマップ

私がこういうことをしたらどうなるのかということを、より考えたりするようになりましたね。

大豆生田　大事な話をしてくれたと思います。その辺りが、たぶんプロジェクトの落とし穴だといつも思います。大人の側がもっとおもしろくしようとしたり、プロジェクトをつなげようとしたりして、大人の意図で強く働きかけてしまうようなところ。園長先生の投げかけは素晴らしかったですね。

緩いプロジェクトでもいい

大豆生田　プロジェクトを考えるうえで、「子どもの興味・関心が薄まってきたり、子どものアイデアがなくなってきたらどうするの?」というのは、大切な問いになるように思います。そこで無理して継続させようとせずに一度お休みにしてもよいのではないか、という問いです。子どもたちがおもしろがっていたのなら、後でまた出てくるということもあると思うのです。「プロジェクトだから続けなければいけない」となってしまうと、大人も子どもも苦しくなってしまいますよね。

安達　たしかに、去年あっという間に終わってしまった石敢當(いしがんとう)のプロジェクトが、今まさに再燃していて、子どもたちがいろいろなもので石敢當をつくっています。「今きたか!」と思い、びっくりしています。

大豆生田　すごく大事な話ですね。たぶん子どもたちにとっておもしろかったことは、一回切れても、またやりたくなる。そうだとすると、プロジェクトは一つでなく複線があってよいのではないかと思っています。

石敢當づくり

「ほかの子はあれに興味を持ってるけど、僕は今こっちなんだよね」という状況があると思うんです。一つのプロジェクトだけで盛り上げようとしていくと、先生たちはたぶん苦しくなるし、やらない子の存在が気になり出すんじゃないでしょうか。

とすると、緩いプロジェクトがいくつかあって、そちらに急に脚光がいくこともある。この先どう展開するかと考えるときに無理がかからないことも大事なんじゃないでしょうか。

佐藤　南町田園では、今年、折り紙からプロジェクトが始まったのですが、粘土で表現したり、新聞紙で表現したり、いろいろ派生して進んでいます。同僚とも、「一つのテーマではなく、いろいろなテーマでプロジェクトを進めてもいいかもね」という話をちょうどしていたので、今のお話を聞いて安心しました。

大豆生田　そのように考えるとすごく楽になりますよね。プロジェクトの話でよく聞かれるのは「やらない子はどうするのですか」ということ。そんなときは、「一人ブームもありにしようよ」と言っています。そして、「サークルタイムでその子のおもしろい話をさせてあげようよ」と。そうしたら「私

もそっちに乗っかりたい」という子も出てくる。もちろん、一番盛り上がっているプロジェクトがあることも大事だけれども、マイノリティーのプロジェクト、場合によっては一人プロジェクトがあってもいい。

また、プロジェクトでは、最後の着地点をどうしようかという点も悩みどころだし、子どもの生活は「じゃあ、これでおしまい」とはならないので、なおさら難しいところですよね。

佐藤　竜巻の事例では、外に行きたくても猛暑でなかなか外に行けなくて、このままだと子どもたちの関心をうまくつなげることができないんじゃないか、という葛藤を抱えていましたね。

大豆生田　やはり難しさはありますよね。ただ、途切れてしまったら、それはそれでOK ぐらいのほうが自然体でいられるかもしれません。でもその後で、「あれと同じじゃ

ん」「あれまたできちゃうじゃん」みたいなことが、テーマがおもしろければおもしろいほど子どもたちから出てくる。逆に、大人が無理してつなげようとすると、子どもが逃げていくなんてことが起きるでしょうね。

プロジェクトにおける対話の工夫

大豆生田　3 つの事例では、共通して子どもたちの声を聞いたり、互いに聞き合ったりするということを大事にしていますよね。

青木　確かに、活動が盛り上がったり、沈んだりするけれどもまた再燃する中で、そのきっかけとして対話がありますね。そこでの工夫とか、逆に難しさとか、どんな点がありましたか？

佐藤　全員が興味を持ってサークルタイム

天気予報ごっこの様子

に参加しているとは限らなくて、「みんなは
それで盛り上がってるけど、今日僕はこれ
をしたい！」という子もいます。そんなとき
は「それやってきてもいいよ」と伝えて、サー
クルタイムから抜ける子がいることは何度
かありました。

　でもその後で、ホワイトボードにまとめた
ものを一緒に見ながら、「こういうことを
話したよ」と伝えたり、プロジェクトコーナー
に写真を貼ることを一緒に手伝ってもらっ
たりしました。注目されるのが好きな子だっ
たので、最後の天気予報ごっこで中継役を
任されると、すごく張り切って参加してい
ましたね。

大豆生田　そうやって、うまく乗れないよ
うな子どもたちのよさもきちんと共有するこ
とで、その子の出番みたいなものがつくら
れていく。そういうことは大事ですね。

安達　あしびなー園でも海のことにあまり
興味がない子もいましたが、サークルタイ
ムでのやりとり自体を楽しんでいたように
思います。意見を言うことや、それをみん
なが聞いて反応してくれることが楽しそう
でした。

　ただ、最初は椅子に座るどころではなく
て、話し合うことがおもしろくなるまでは大
変でした。そんな中、自分の好きな遊びが
結びついて、サークルタイムに参加するよ
うになった子もいましたね。人形遊びが好
きだった子が魚のペープサートをつくった
ことから海の人形劇みたいなものが始まっ
たんですけど、それが本人の中ですごくヒッ
トして、自分から「サークルタイム出る、サー
クルタイム出る」と言って、自分でつくっ
た海の物語を話すようになったんです。好
きなことがどんどんつながっていって、対
話の中に入ってきたんですよね。

サークルタイムは
いつ、どのように行う？

大豆生田　それぞれの園でサークルタイム
の位置づけや参加する子の範囲などは同じ
なのですか？　また、子どもたちが遊ぶ前に
やるのか、遊んだ後なのでしょうか？　この
辺りもサークルタイムで話すテーマに違い
を生みますよね。

星屋　下高井戸園では、高く積み上げるこ
とに興味を持っていた子たちだけで話し合
いました。サークルタイムは朝と夕にやっ
ているのですが、話し合っていたら周りで
別の遊びをしてた子も、「ここ、こうしたほ
うがいいんじゃない？」と話に入ってくるこ
ともありました。

大豆生田　サークルタイムが、遊びの様子
を共有するという役割を担っているんです
ね。そして遊びに参加していない子も参加
できるという緩やかな関係がいいですね。

安達　あしびなー園は、朝のサークルタイ
ムでは、顔を見て挨拶をしたり天気の話を
したりした後に、お家であったことや自分
で発表したいことを話しています。そして、
今日どんなことをして遊びたいかを聞くよ
うにしています。夕方のサークルタイムは、
振り返りの時間として、今日はどんなこと
がおもしろかったとか、どんなことを発見
したとか、その日の遊びの中で気づいたこ
とを発表する感じです。

佐藤　南町田園も同様なんですが、異年齢
保育をしているので、全体で話し合った後
に5歳児だけとか、やりたい子で集まって、
プロジェクトの話をしていました。一日を
振り返る夕方のサークルタイムでは、コー
ナー保育でみんなばらばらで遊んでいるの
ですが、「僕はこんなことをした」とか「こ

んな発見をした」ということを伝え合う中で、発見や学びを共有するようにしています。

大豆生田 子どもによって興味の違いや年齢差もあって、みんなで一緒にやるのが難しい場合もあるでしょうけれど、サークルタイムにもみんなで参加する場合と、興味のある子だけが参加する場合の両方があるからこそ、無理のない感じで進めていけるのですね。

保護者や地域、外部の人とのつながり

大豆生田 みなさんの事例を聞いて、保護者や地域、外部の人とのつながりも大事にしているように感じました。そうした方々と、子どもたちがどうつながり、どのように変わっていったのか、また、外部の人がどんな反応を示していたのか、その辺りもぜひ教えてください。

安達 あしびなー園では、毎日毎日、子どもたちが何かを川に一生懸命投げているのを見た近所の方や工事現場の方が、川の向こう側から「何、捕っているの？　そんなんじゃ魚は捕れないよ」と声をかけてくれることがありました。子どもたちが「魚じゃない。ゴミを取っているの」と答えてやりとりしていると、ほかの人も「え、ゴミ取っているの？」と興味を持って聞きに来てくれる。そして、「すごいね。そんなことしているの。ありが

とね」「今日は、ゴミ取れたの？」と、すれ違う方に言ってもらったこともよくありました。

そういう中で「偉いね」とたくさん言葉をかけてもらうことを通して、「今日は取れなかったけど偉いんだ」「取れなかったけどすごいんだ」と子どもたちも感じていたと思います。地域の方に本当に見守っていただきながら続けることができましたね。

星屋 下高井戸園は、主任が知り合いだったというご縁もあって、ゲストに"積み木博士"を招きました。それによって子どもたちの遊びも広がったし、"積み木博士"から教わったことを試す姿が見え、子どもたちの気づきや考えも広がりましたね。

保護者の方には、降園時にその子の様子や、ここまで高く積んだけど崩れてしまったと話していたら、家でもカプラを買っていろいろな積み方を試しているといった話を聞きました。家でも熱量を維持して遊んでいることがうれしかったです。

大豆生田 本当におもしろかったことは家でも再現するなどして、循環が生まれます。それを保護者から聞けるのは、すごくいい

星屋さんと子どもたちのサークルタイム

ですね。

　ちなみに、外部のスペシャリストを呼ぶときは、保育者として何を期待して呼ぶかによって、子どもたちの思いが膨らむ場合と、必ずしもそうでない場合があるように思います。今回の事例では、どのようなことに配慮して呼んだのでしょうか。

星屋　ゲストを呼ぶ前に、子どもたちに「積み木を知っている人って、どんな人がいると思う？」と尋ねるところから始めました。いろいろな案が出たのですが、「最終的にカプラの本に載っている"積み木博士"がすごい」となって、"積み木博士"を呼ぶことになりました。そして、「"積み木博士"とどんなものをつくりたいか」とか、「聞いてみたいことは何か」を事前に聞き取って、"積み木博士"に「子どもたちはこういうことを聞きたがっています」と伝えておきました。

大豆生田　なるほど。そこは大事なところですね。

星屋　それで"積み木博士"が、「だったら、こういうことを教えようと思います」と、テーマに沿ったことを提案してくださったので、すごくスムーズでした。

大豆生田　ただ単に専門家におまかせするのではなく、丁寧にやりとりしているところが大事ですね。

佐藤　南町田園の実践では、コンテンポラリーダンスの先生にも関わっていただいたのですが、その先生と「今、子どもたちは天気に興味がある」という話をしていたら、「それおもしろいね。やってみよう」となって、普段通っている保育園から公園までの道のりで感じる天気を自分の身体で表現することを行いました。その先生も初めて天気を身体で表現したそうで、一緒になって楽しんでいましたね。

　保護者に対しては、子どもたちがサークルタイムで話している姿や発している言葉を、定期的に発信していました。子どもたちはお家でも活動の様子を話していたのですが、保護者の方とすると、子どもが言っていることがなかなか掴みきれなかった部分があったようで、「子どもが言ってたのはそういうことか」と理解していただけましたね。

　そのように、保護者にもプロジェクトの様子を伝え続けながら天気予報ごっこに至ったのですが、子どもたちは家庭でもその練習をしていたようで、本番当日の朝は、緊張した表情の子どもを見て保護者の方も涙ぐんでいました。そしてお迎えのときには、達成感や満足感からすごく安心した表情になっている子どもの様子を見て、また保護者も涙ぐむ場面がありましたね。コロナ禍でいろいろ難しい部分はあったのですが、保護者の方と一緒に子どもたちの成長を見守ることができたと思いました。

大豆生田　ドキュメンテーションなどで子どもの様子を伝えることも大事ですが、子どもたち自身が園でやっていることがおもしろくて家でもやる、そんな姿が園での様子を一番保護者に伝えるんですよね。

　それと、コンテンポラリーダンスの先生もなかなかいいですね。子どもの表現の質を変えるとか、素材の質を変えるということは、保育の側からの発想ではなかなか難しいことですが、保育の専門家ではない人との関わりによってそれが可能になってきます。保育以外の人とどうコラボレーションするかということが大事だなと分かる、いい話だなと思いますね。

つながる保育を通して
～保育者としての成長

青木　最後に、今回つながる保育を実践してみて、保育者としてどんな変化があったか、そして、今日の座談会の感想をお聞かせください。

安達　つながる保育を振り返ると、あそこでの声かけや、あのタイミングで我慢したのがよかったというのが分かり、それを深く自分の中に落とし込むことができていると感じます。それは、実践している最中では分からなかった部分ですね。

　そして、今までは、子どもたちが何かを発見したりつくり上げたりしても、「よかったね」で終わってしまっていたことが多かったと気づき、まとめることや自分の言葉にして話すことの重要性を感じています。

　また、何よりも子どもたちからの言葉を待ったり、子どもたちの興味や関心がどこに向かっているのかを、今まで以上に丁寧に見つめて、「次はどのように展開していくだろうか」と予想するようになったと感じています。

青木　今日の座談会はどうでしたか。

安達　本当に楽しかったです。テーマの生まれ方の違いについてはとても興味深かったですね。自分は考え方が固まっていたかもしれないと気づきました。テーマの生まれ方は多様でいいし、進め方もまた違う。それに、その後の展開も大きく変わったり、戻ったりすることがあると思ったら、すごく気が楽になるというか。子どもたちに沿ってやっていけばいいのだなということが、今回大きな学びになりました。ありがとうございました。

大豆生田　安達さんの話で、すごく大事だと思ったことがあって、まず保育の単位は「日」ですよね。一日一日をどう子どもと暮らせたかということが大事な単位です

子どもたちと一緒に
保育を深める

が、プロジェクトとして続いてきたことを一連のものとして振り返ったときに初めて見えてくることがあるというのはとても大事なことで、僕はそういうことを「編み直して」見てみると表現しています。一日単位で見ていては見えないことが、一連のつながりの中で、このことは子どもたちにとってどんな意味や学びがあったのかと見てみると、その意味が編み直されてくると思うんです。

だからドキュメンテーションでも、日々のドキュメンテーションだけでなく、一連のものをまとめたドキュメンテーションも大切になるというのは、そういう背景があります。

星屋 私は、つながる保育を実践してきて、子どもたちの対話が大事だということを強く思いました。安達さんも言っていたように、問いや予想、そこから生まれる気づきとか発見も深く考えられるようになりました。今までは、どうやってつなげていこうとすごく悩んでいたのですが、子どもたちと一緒に深めていくことのおもしろさとか、自分自身にも気づきや考えが生まれ、「これをやったら子どもたちはどんな反応をするかな」と、ワクワクして進めることができています。

あと、一人で悩むことが多かったのですが、つながる保育を実践してみて、主任や園長とも話し合う機会を持てました。困ったことがあれば職場の仲間と話して、新しい方法を見つけることができたのがよかったです。

今日の座談会は、いろいろな考え方があると気づくことができ、とてもおもしろかったです。テーマは一つだけではなく、複数あってもいいということに安心しました。これからもいろいろな見方で進めていこうと思いました。

大豆生田 星屋さんが言うような、「活動をどうつなげていくか」という戸惑いがあったけれども、保育とは子どもと一緒に深めていくことだし、ワクワクしながらやっていくことなのだ、しかも、それは私一人でやることではなく、ほかの人たちと共につくっていくことなのだと気づいた点は、すごく大事なことですよね。保育は子どもも主体だし、保育者も主体。何でも一人でできないといけないと思っていたけれど、人が生きていくにはいろいろな人の力を借りながら一緒につくっていくというか、そこに喜びがあるのだという、人が生きていく原点のような話だと感じました。

佐藤 法人内でつながる保育の研修が毎月あって、学びと実践を繰り返す往還型研修を進めていく中で、今までの自分からワンステップ上がったような気がしました。今回の事例を振り返ってみると、反省や次はこうしてみようという点はあるのですが、それによってまた自分の実践力が上がっていくというのを感じています。今までこういった実感を持つことはなかったのですが、こんな実感を持てる保育者がたくさん増えていったら、もっといい保育ができるのではないかと思いました。そして、園の中で刺激し合ったり、相談し合ったりすることを通して、よりよい保育を追求することができるのではないかと思います。

また、当初の私はサークルタイムでは「話をまとめなければ」という思いが強く、苦手意識があったのですが、つながる保育の実践を通して、話がいろいろな方向に分岐しても、それはそれで子どもたちの学びになるのだと思えるようになりました。

今日の座談会は、やはりテーマの始まり

が多様だということ、複線的であってもいいというのは学びが多かったですね。私の園の職員にも伝えようと思っています。

大豆生田　保育をしている人みんながこういう実感を持てたらいいという話は、本当にそうだなと思います。反省がたくさんあったとしても、それだけの手応えを得られたということですよね。保育のお仕事は、ともすると日々大変なこともあります。だけど、大変さだけで終わってしまったらもったいない。こうやって手応えを実感した喜びについてお話しくださったのは、すごく大事なことです。自分たちなりに少し視点を持つことで、手応えが出てくるのだということは意義が大きいですよね。

つながる保育とは

青木　最後に、大豆生田先生から、今日の全体のまとめ、プロジェクト型保育、プロジェクト・アプローチの意義やメリットを語っていただければありがたく思います。

大豆生田　みなさん、今日はありがとうございました。全体として言えることは、日本の子ども主体の協同的（協働的）な学びが生まれる実践はここまで進歩しているということです。しかも、比較的経験の浅い３人の保育者がこんなに保育を魅力的に語るところまで、この国がきたこと自体がすごくうれしいことだと思います。

　私は今からちょうど10年近く前に『「子ども主体の協同的な学び」が生まれる保育』（学研教育みらい）という本を出しました。私からすると、日本の保育の遊びの延長に協同的な、あるいはプロジェクト的な視点を投げかけようという意図があったのです。なぜなら、当時、幼稚園教育要領に「協同

的な学び」という言葉が入り出したときで、「プロジェクト」という視点が鍵ではないかと思ったんです。つまり、昭和初期に倉橋惣三が葛藤した問いに、今こそ僕らが向き合ってもいいのではないかというのがあの本のテーマでした。

　ただそのときは、あえて「プロジェクト」という言葉を避けました。というのも、当時はプロジェクト活動は、いわゆる日本的なテーマ保育に捉えられる可能性があったからです。そのため、あの時代にプロジェクトという言葉を持ち出すことはとてもチャレンジングだったんですね。

　しかし、その本は現場の保育者から、とても大きな反響がありました。そのころ、平成元年の幼稚園教育要領の改訂以来、自由保育なのか一斉保育なのかという二項対立の議論があったのですが、僕がその本で投げかけたかったのは、単にどちらが正解かという議論ではないということです。子

どもがみんなで集まってやることがふさわ
しい場面もあるし、子どもが個々の選択で
自由活動を通して行うほうがふさわしい場
面もあるわけです。ただどちらにしても、
「主体的な子どもたちの姿があるか」「協同
的な姿があるか」が問われるべきではない
か、ということが当時の私の問題意識でし
た。あのときは本当に二極化していました
し、それが繰り返されてきたのが日本の保
育の歴史でもあるのですが、今日のみなさ
んの話を聞いて、今はここまで乗り越えて
こられたのかとうれしく思いました。

しかも、この話はつなげる保育ではなく、
つながる保育だというところに、ものすごく
重要なポイントがあります。つなげるので
はなく、つながっていくことの中に、子ども
たちの学びの物語、そして保育者や保護者
や地域の人も関わる協同的な学びの物語が
生まれるのだということが実感できるよう
な取組だったと思います。

しかも、みなさんが柔軟であることがす
ごく素敵でした。「プロジェクト」と言うと
固定化されたイメージを持つ人もいるかも
しれませんが、固まらないで常に進化して
いくものであるし、その重要性も見えてき
ました。

小学校以降に
つながる学び

青木　こういった学びのあり方は、小学校
以降の学びにもつながっていきますよね。
大豆生田　今、「幼保小の架け橋プログラ
ム」の開発・推進の議論がなされています
が、個別的な学びと協同的な学びの一体化
は、こういう優れた幼児教育が先行してい
るように思います。ですので、幼保小接続

で間違えてはいけないのは、幼児期を小学
校への準備期間として位置づけるのではな
く、幼児期の学びが小学校以降にどうつな
がっていくかということ。つまり、学校教育
全体をどう改革するかというテーマだとも
言えるわけです。ただ、みなさんが取り組
まれているような実践が保育の中に多いか
と言えば、必ずしもそういうわけでもない
ので、これからみなさんがあちこちで発信
や対話を外に向けて行っていくことがすご
く重要だし、この本の役割がその一つにな
るのかなと感じます。

今、小学校以降の学校も含め、これまで
の「あたりまえ」にダウトをかけ、教育界
全体が子どもの主体的で協働的な学びを重
視する方向に転換する重要な時期です。そ
こでは、乳幼児期の教育・保育が大切にし
てきた子ども主体の学びがもっと教育界全
体の中心に位置づけられるとよいと思いま
す。

青木　プロジェクト・アプローチでは、子
どもたちが振り返って表現するということ
が大切にされますが、これは今までの保育
の文脈であまり語られてこなかった部分で
はないかと思っています。保育はともする
と日々流れていってしまう。そうすると、子
ども自身の発見や学びも流れてしまいます。
しかし、「幼児期の終わりまでに育ってほ
しい姿」であるとか小学校への接続を考え
たとき、子ども自身が遊びを振り返るとか、
学びや発見を振り返って友達と共有すると
いった経験を日々の保育のプロセスの中で
どう位置づけるかということが重要になる
と思うのです。こうした、学びを振り返り、
それを友達や保護者、地域の人たちに伝え
ようとするというところは、平成元年の幼
稚園教育要領改訂のときにはない、今の保

育の課題を捉えた一つのあり方のように感じています。

大豆生田　その通りだと思います。子ども自身が振り返るという視点は、これまで弱かったことの一つだと思います。ドキュメンテーションなども含め、子どもたち自身がやっていることを日常の中で振り返ることも大事だし、友達との中で振り返ることも大事です。振り返るということだけではなく、appreciation（鑑賞する）、「味わい直す」という言い方がよりふさわしいかなと思っています。自分自身がやっていること、あるいはほかの人がやっていることを共に味わうようなことは、すごく大事な視点だけれども、これまであまり強調されてこなかったと思います。

　今までは評価と言うと、「できたか・できないか」とか「比べる」ことが主だったけれども、まさにこういう「味わう」とか「鑑賞眼的評価」といった評価観がすごく大事だし、その中には共有とか対話とか協同、そしてそれができる場が必要です。場合によっては、それが作品化されることもあるでしょう。

　ただ、これを順に追うような時系列で考えてしまうと、落とし穴にはまりがちです。だから、鑑賞や表現、味わうことをゴールにするのではなく、それはいろいろな場の中で起こり得るし、またそこから新たな言葉を生み出すというような捉え方、まさにエンドレスなところが、子どもの特性と実態に合っていると思います。まさにこれからの新しい主体的な学び観だと思います。

青木　今日は、本当に充実した座談会となりました。私を含めて、とても学びの多い時間になったと思います。みなさんに感謝です。

大豆生田　本当にすてきな保育者と出会うことができました。今日の場を本当にありがとうございました。

座談会を振り返って

　保育者同士が語り合うと、実践の最中に沸き起こっていた葛藤や感情など、保育者の思いがあぶり出されます。それらは、実践報告の中ではなかなか表現されにくいものなので、実践報告だけを読むと「すごいなあ」「私にはできないかも」と思ってしまうかもしれません。しかし、実は、どんなに実践力の高い保育者も揺れ動きながら子どもとともにあるのです。

　これは日々の保育実践でも同じです。先輩の保育や隣のクラスの保育を見て、自分の保育と比較したり、難しく感じたりすることもあるでしょう。しかし、誰しも悩んだり葛藤したりしながら進めているはず。だからこそ、保育者同士で語り合うことが大切になると思うのです。

　今回の座談会は、まさにそういった場になったと同時に、大豆生田先生に様々な意味づけをしていただきました。そして、「肩の力を抜いて子どもの声を聞けばいいんだよ」と言っていただいたように感じています。

　この座談会のやりとりを読んで、「誰しも葛藤しながらやってるんだから、よし、まずやってみよう」と思っていただければ幸いです。

おわりに

　最後までお読みいただいたみなさん、本当にありがとうございました。

　実はこの出版は、自分にとって大きなチャレンジでした。というのも、日本の保育者やそれを推進する人たちに、果たしてこの本で紹介するプロジェクト・アプローチは受け入れられるだろうか、という思いがあったからです。裏を返すと、懐疑的・批判的な声が上がるのではないかという不安があったのです。

　なぜなら、日本の保育界では、方法が定型化されている〇〇メソッド、〇〇式といった保育方法に懐疑的な視線を投げかけたり、保育を「型」化したりするのを避けている面があると感じているからです。特に、「子どもの主体性」を重視したいと思う保育者ほど、「型」が提示されたとき、何かしらの違和感を抱くのではないでしょうか。私もその中の一人であることは間違いありません。

　では、なぜそんな不安を抱えてまで出版しようと思ったのか？

　それは、子ども主体の実践事例の紹介はたくさんある一方で、「じゃあ、どうしたらいいの？」という保育者（特に経験の浅い保育者）の率直な疑問に答えるもの（≒教科書）が示されていないと感じたからです。そして、そうした「教科書」をつくろうとしたとき、「それでは大人主導になる」「子ども主体じゃない」「保育はそんなに直線的じゃない」という懐疑的・批判的視線を感じて身動きが取れなくなっている状況があるとしたら、それも何とかしなければと思ったのです。

　なぜなら、そのままでは「子ども主体の保育は難しいけど『教科書』はない。だから、やっぱり難しい」という無限ループに陥ってしまうからです。勘やコツ・センスでする保育から抜け出すヒントがなければ、「私にはセンスも経験もない」と悩む保育者が後を絶ちません。

　私はそのような思いから、保育者がどのように保育活動を構想しているのかを研究し、博士論文としてまとめました。そこで見えてきたことは、ほかの保育者から羨ましがられるような実践をしている保育者であっても、雑誌やテレビからヒントを得たり、先輩から盗んだり、YouTubeを見たりと実に多様なアンテナを張り、保育に取り入れていたという点です。そして、先輩や過去の実践を「型」としながら、子どもの様子や状況に合わせて新たな実践に昇華させていたということです。

　もちろん「型」を真似たり、アレンジしたりするだけでなく、同僚と響き合ったり、研修で学んだりして、うまくいかないことを繰り返しながら保育実践につなげているわけですが、様々な情報を得たり先輩の実践を盗んでいるのは間違いないでしょう。そこにはやはり、何らかの「型」と言えるものが内在しているのです。

　今回、紹介したプロジェクト・アプローチは、そうした「型」を示したものと言えます。しかしこれは、「子どもの意見を聞かずに大人が主導する」ものではなく、「子どもの意見を聞いて子どもが主体的になる」ためのヒントがたくさん詰まっている「型」です。そして「はじめに」にも書いた通り、「型」を知っているからこそそれを「破り」、自分なりの方法へと「離れ」ていく「守破離」につながります。芸事の世界で言われる「型があるから型破り、型がなければ形

無し」という言葉は、保育にも通じると思うのです。

　私が勤務する社会福祉法人檸檬会でプロジェクト・アプローチの往還型研修を実施したところ、多くの保育者の実践に次々と変化が生まれました。彼ら彼女らは自分自身の保育に手応えを感じるようになったのです。ではそれらの実践は、まるで金太郎あめのようにどの面を切っても同じような保育実践だったかと言うと決してそうではありません。むしろ、保育者と子どもたちとの間での、そのとき、そこでしか奏でることのできないハーモニーが生まれたのです。つまり、保育者が「型」を知ったことで、子どもたちの対話を引き出し、環境や関わりが豊かになり、探究が進んでいったと言えるでしょう。

　保育はおもしろいものであるからこそ、多くの人にその魅力を最大限に感じてほしい。そのためにこの書籍が一人でも多くの保育者の手に届き、活用されることを心から願っています。

　最後に、毎日、志高く子どもたちに向き合う社会福祉法人檸檬会のすべての職員に心から感謝したいと思います。

社会福祉法人檸檬会副理事長
青木一永

※本書で紹介した実践に役立つ資料をプレゼントします。QR コードを読み込んでいただくか、以下の URL にアクセスしてご登録ください。つながる保育の実践研修のご案内もしています。

https://lemonkai.or.jp/manabi/download
（なお、本サービスは予告なく終了する場合がございます。あらかじめご了承ください）

参考文献

- 安斎勇樹、塩瀬隆之（著）（2020）『問いのデザイン―創造的対話のファシリテーション―』学芸出版社
- 磯部錦司、福田泰雅（著）（2015）『保育のなかのアート―プロジェクト・アプローチの実践から―』小学館
- 経済協力開発機構（OECD）（編著）、ベネッセ教育総合研究所（企画・制作）、無藤隆、秋田喜代美（監訳）（2018）『社会情動的スキル―学びに向かう力―』明石書店
- 小塩真司（編著）（2021）『非認知能力―概念・測定と教育の可能性―』北大路書房
- 大豆生田啓友（編著）（2017）『21世紀型保育の探求―倉橋惣三を旅する―』フレーベル館
- カンチェーミ・ジュンコ、秋田喜代美（編著）（2018）『子どもたちからの贈りもの―レッジョ・エミリアの哲学に基づく保育実践―』萌文書林
- 栗田正行（著）（2017）『「発問」する技術』東洋館出版社
- Sallee J.Beneke, Michaelene M.Ostrosky, Lilian G.Katz(2019) The Project Approach for All Learners -A Hands-On Guide for Inclusive Early Childhood Classrooms-, Paul H. Brookes Publishing Co.
- Shier,H.(2001) Pathways to participation: Openings, opportunities and obligations. Children & Society, 15(2),107-117
- J. ヘンドリック（編著）、石垣恵美子、玉置哲淳（監訳）（2000）『レッジョ・エミリア保育実践入門―保育者はいま、何を求められているか―』北大路書房
- 白井俊（著）（2020）『OECD Education2030 プロジェクトが描く教育の未来―エージェンシー、資質・能力とカリキュラム―』ミネルヴァ書房
- Sylvia Chard, Yvonne Kogan, Carmen A. Castillo (2017) Picturing the Project Approach -Creative Explorations in Early Learning- , Gryphon House Inc.
- シルビア・チャード（著）、小田豊（監修）、芦田宏（監訳）（2006）『幼児教育と小学校教育の連携と接続―協同的な学びを生かしたプロジェクト・アプローチ　実践ガイド―』光生館
- 杉浦英樹（2004）「プロジェクト・アプローチにおけるプロジェクトモデルの妥当性　―レッジョ・エミリアの理論と実践による検討―」上越教育大学研究紀要　第23巻第2号
- 角尾和子（編著）（2008）『プロジェクト型保育の実践研究―協同的学びを実現するために―』北大路書房
- 田澤里喜、吉永安里（2020）『あそびの中の学びが未来を開く―幼児教育から小学校教育への接続―』世界文化社
- Department for Children, Schools and Families(2008), Statutory Framework for the Early Years Foundation Stage.
- National Association for the Educational of Young Children(1996),Technology and Young Children -Age 3 through 8.
- 西井麻美、池田満之、治部眞里、白砂伸夫（編著）（2020）『ESD がグローバル社会の未来を拓く―SDGs の実現をめざして―』ミネルヴァ書房
- 日本保育学会（2017）「第17回国際交流委員会企画シンポジウム報告　乳幼児期からの持続可能な開発のための教育（ESD）―世界の動向と日本の取り組み―」保育学研究第55巻第3号
- 萩原元昭（編著）（2020）『世界の ESD と乳幼児期からの参画―ファシリテーターとしての保育者の役割を探る―』北大路書房
- L.G. カッツ、S.C. チャード（著）、小田豊（監修）、奥野正義（訳）（2004）『子どもの心といきいきとかかわりあう―プロジェクト・アプローチ―』光生館

執筆者紹介

◉ **青木一永**（あおき・かずなが）（※第1章、第2章、第3章）

社会福祉法人檸檬会　副理事長／大阪総合保育大学非常勤講師／紀の川市子ども子育て会議委員／プロコーチ／博士（教育学）／保育士

1977年、岐阜県下呂市生まれ。大学卒業後、国家公務員として勤務。その後、社会福祉法人檸檬会に入職し、園長職等を経て現職。園長時代に大学院に通い始め、2019年博士学位取得。2015年日本乳幼児教育学会新人賞受賞。大学院では、裁量の多い中で保育者がどのように保育活動を構想しているのかに焦点を当て研究し、そこで得られた知見を保育者育成に活かしている。本書も、保育の分からなさを解消する一助になることを願って執筆。現在は、副理事長として全国約80施設の運営や職員育成を行うほか、大学非常勤講師として学生指導、講演活動、海外の保育者の育成を行っている。また、プロコーチとして主に保育園園長や経営者のコーチングを行っている。

◉ **青木美佳**（あおき・みか）（※コラム）

社会福祉法人檸檬会　Child Communication Designer

和歌山市生まれ。大阪芸術大学舞台芸術学科を経て劇団四季入団。退団後はダンサー、コレオグラファー、アクターとして国内外で活動。子育て中、大学に社会人入学し認定心理士取得。心×アート×保育を大切にした保育・園づくりを目指し、日々、保育指導に当たっている。

実践報告（第3章）

◉ **安達麻菜**（レイモンドあしびなー保育園）：川のゴミを取りたい

◉ **田中智美**（レイモンドこども園）：大雨のニュースから考えた安全な暮らし

◉ **佐藤由加**（レイモンド南町田保育園）：竜巻から広がる天気への関心

◉ **高橋友美**（レイモンド田無保育園）：土の違いについて知りたい

◉ **星屋愛理**（レイモンド下高井戸保育園）：どうしたら高く積めるのか

◉ **籠島光哉・千葉今日子**（レイモンド新三郷保育園）：お米は全部一緒じゃないの？

座談会（第4章）

◉ **大豆生田啓友**（玉川大学教育学部乳幼児発達学科　教授）

◉ **社会福祉法人檸檬会**

福祉・教育を中心に、全国でおよそ80施設を運営する社会福祉法人。
「なんだろうのその先へ」を合言葉に、子どもにとっても大人にとっても主体的で対話的、そして深い学びのある環境の実現を目指している。また、障がい者福祉事業にも力を入れている。
〒649-6432　和歌山県紀の川市古和田240

3ステップの視点で保育が楽しくなる！

つながる保育スタート BOOK
―プロジェクト・アプローチを通して探究を支える―

2022（令和4）年7月6日　初版第1刷発行

編 著 者　社会福祉法人 檸檬会・青木一永
発 行 者　錦織圭之介
発 行 所　株式会社 東洋館出版社
　　　　　〒113-0021　東京都文京区本駒込 5-16-7
　　　　　営業部　TEL：03-3823-9206　FAX：03-3823-9208
　　　　　編集部　TEL：03-3823-9207　FAX：03-3823-9209
　　　　　振　替　00180-7-96823
　　　　　U R L　https://www.toyokan.co.jp

［編　　　集］株式会社ナイスク　http://naisg.com/
　　　　　　　松尾里央　高作真紀　安藤沙帆
［装　　　丁］佐々木志帆
［デ ザ イ ン］佐々木志帆、小林沙織、沖増岳二
［イ ラ ス ト］もものどあめ
［印刷・製本］株式会社シナノ
ISBN978-4-491-04759-1　　Printed in Japan